朝日新書
Asahi Shinsho 863

インテリジェンス都市・江戸

江戸幕府の政治と情報システム

藤田　覚

朝日新聞出版

はじめに

江戸時代、江戸は全国の、また外国の情報も集中する「インテリジェンス都市」だった。政権を握る江戸幕府の所在地であったとともに、この時代の政治と交通の仕組みにその理由があった。

正確な情報、すなわちインテリジェンスをどれだけ自らの手に集めることができるかは、国家と政権の命運を左右する、と言っても過言ではない。国家間で、熾烈な情報収集合戦を繰り広げ、時には諜報員、スパイを使ってまで外国の秘密情報を探る。その対象は、国家情報、企業情報、研究情報、個人情報など多岐にわたる。誰でも知り得る通り一遍の情報ではなく、ごくごく内密の、内幕の情報を求める。

政治権力は、とくに国内の反政府勢力や政敵に関する情報、そして民意の動向に関する情報を幅広く収集する。厳しい国際環境のなかでは、国家の内部情報の漏洩を防ぎ、潜在的な敵対、危険勢力に関する情報を収集することは死活問題である。現在の政府も、内閣の担当部署、防衛省や警察庁などを動員して収集する。専門の担当部署と要員が置かれ、公務として日常的に情報収集活動をする。それを、政策や政治的判断の材料とする。

それは、江戸時代の幕府も同じだった。江戸幕府に敵対する、あるいは抵抗する可能性を秘めた、いわば潜在的な反幕府勢力、たとえば天皇・朝廷や大名家（藩）に関する情報を全国から集めた。また、敵対勢力ではないが、現在の政治体制を弱める、あるいは内から自壊させかねない要素、たとえば将軍と幕府権力を支える旗本・御家人などの幕臣についての情報も収集した。

いわゆる「鎖国」により、外国との関係を、朝鮮・琉球との国家間の関係（これを通信の国という）、中国・オランダとの貿易の関係（これを通商の国という）、そして蝦夷地でのアイヌとの関係に制限していた。直接の関係を持つ国と民族はそれだけだが、その外側にある世界を遮断できたわけではないので、関係のあった中国・朝鮮に関する情報のほか、世界の動きについての情報を必要とした。しかも、対外情報は幕府が独占的に入手し、外に漏れ出さないように秘匿しようとしたため、西洋諸国に関する学問である蘭学、洋学を規制する一方で、その成果の独占を図った。

江戸幕府は、情報を収集するための専門的な組織を持ち、専門の要員を置いて日常的に情報を収集していた。情報が集まる江戸にアンテナを張って情報をキャッチし、さらに、必要に応じて全国各地へ要員を派遣して内密に探索し、諸大名、幕臣、民意の動向を把握しようとしていたのである。すなわち、江戸幕府の政治には、今日にも通じるような「情報システム」があったといえる。

しかし交通の発達、物流の活発化は、幕府の情報独占を許さなかった。江戸はもとより全国各地の出来事は、交通、物流のルートにのって迅速に全国に拡散し、幕府内部の情報もそのルートにより拡散させられた。江戸時代は中後期になるほど、ある意味では情報化の進んだ社会だった。それに伴っていわゆる情報戦も繰り広げられていたのである。

本書では、まず、①江戸に情報が集まる政治と交通の仕組み、②江戸幕府が情報を収集するための組織について紹介する。ついで、③江戸幕府のおもに内密の(隠密の)情報収集と分析、および、それが政策や政治判断にどのように活用されたのかを、具体例に即してみてみたい。しかし、そもそも隠密なのだから当然と言えば当然だが、隠密な情報ほど史料が残らない。その点では隔靴掻痒《かっかそうよう》の感は否めないものの、なるたけ真相に迫りたい。

具体例としては、(i)将軍直属の隠密である御庭番《おにわばん》、(ii)江戸幕府の基幹的情報収集組織である目付—徒目付《かち》—小人目付《こびと》、(iii)勘定所が隠密な情報収集にあたらせた普請役《ふしんやく》、(iv)町奉行所の隠密廻り《おんみつまわ》同心《どうしん》を取り上げ、彼ら隠密たちの具体的な活動と幕府の政策・政治判断の関わりをみてみる。

さらに、対外情報と幕府政治という点から、(i)オランダ商館長が提出する秘密情報である風説書《ふうせつがき》と異国船打払令の撤回との関係、(ii)一九世紀初め、文化年間のロシアとの紛争である文化露寇《ろこう》事件をめぐる情報と政治について検討する。最後に、天皇と公家など朝廷情報の収集を取り上げ、幕末の日米修好通商条約勅許《ちょっきょ》問題での情報収集と分析の誤りが、幕府の崩壊に向かう契機となったのではないかとの見通しを示したい。

インテリジェンス都市・江戸

江戸幕府の政治と情報システム

目次

第二章　大名と幕臣を監察する将軍の「目」
――小人目付の情報収集と幕政　67

第四章　犯罪捜査と経済調査のエキスパート
——町奉行所隠密廻り同心の情報収集　127

※本文中の史料引用文は原則として著者による現代語訳となっています。

図版／師田吉郎

序章

幕藩体制の核心はインテリジェンスだった！

――情報と江戸時代の政治・交通

1 情報の江戸集中

江戸には、情報が集中した。江戸は、江戸時代の政権の所在地という意味で日本の首都だった。首都だからおのずとさまざまな情報が集まる、また、政権を握る江戸幕府が収集するから情報が集まる、というのはごく当たり前である。国家権力は、その存立のため、もっとも多くの情報を入手しようとする。いつの時代でも、同じことではないか。

だが、江戸時代の情報、すなわちインテリジェンスを論じるうえで重要なのは、江戸時代という一つの個性的な歴史時代における、政治や社会の仕組みのなかで考えることである。そこで、まず江戸時代の政治・社会の仕組みや交通のあり方と情報の関係からみておこう。

政府が全国を中央集権的に統治する古代の律令制や近代の官僚制の政治体制と異なり、江戸時代は、各地の大名（藩）と江戸の徳川将軍（幕府）が主従関係を結んで、分権的に全国を統治する仕組みであり、これを幕藩体制と呼んでいる。ただ、鎌倉時代や室町時代、あるいはヨーロッパなどの前近代国家と比較すると、将軍権力が強大で中央集権的な面を持つ政治体制だったと考えられている。

江戸幕府は、全国に代官、奉行、城代《じょうだい》などの出先機関を置いて要地をおさえていた。諸大名は一年おきに参勤交代で江戸にやってきて、藩邸で一年間、江戸暮らしをしなければならなかった。また、大名は、憲法ともいうべき幕府が定めた「武家諸法度」に違反すれば、改易《かいえき》（所領の没収）や所替《ところがえ》（所領の移転。転封《てんぽう》、移封とも）を覚悟しなければならなかった。

江戸は、江戸幕府の所在地であり、将軍の家臣である幕臣が集住するとともに、参勤交代を果たすため、諸大名とその家臣、つまり藩士が藩邸に暮らしていた。その武家たちの暮らしを支える商人や職人ら町人たちも、また江戸の住民だった。その結果、江戸は、一八世紀に一〇〇万人をこえる人口を持ち、当時、世界有数の大都市となった。同時に江戸は巨大な消費地であり、江戸に集中された陸上、海上の交通路を通って物と人が集散した。

江戸という空間に人びとが密集し、そこに独特の社会、すなわち「世間」が成立してくる。そこが、江戸時代の情報を考えるうえで重要なことである。

2 全国に展開する幕府の出先機関

幕府は、全国に散在する四〇〇万石をこえる幕府領（天領《てんりょう》と俗称）を持っていた。そこを、勘定奉行と配下の郡代《ぐんだい》・代官を置いて支配した。郡代・代官は約五〇名いて、北は陸奥・出羽（現・東北六県）、西は豊後（現・大分県）まで、関東地方を除いて各地の代官所に赴任し、幕府領の牧民官（地方長官）として、年貢の徴収と領民の裁判にあたった。

また、全国支配にとって重要な拠点である京都には二条城代《じょうだい》、大坂には大坂城代を置いて、朝廷や西国大名の監視・監督にあたらせ、全国の直轄都市、宗教都市、重要拠点には奉行を置いた。近畿とその周辺の要地には、京都町奉行、大坂町奉行、伏見奉行、奈良奉行、堺奉行、伊勢山田奉行、その他の地に、駿府町奉行、日光奉行、下田奉行、浦賀奉行、佐渡奉行、そして遠隔地には、長崎奉行、箱館奉行（松前奉行も）、新潟奉行などもあった。

幕府は、要地に出先機関、出張所を設けて、全国支配を実現していたのである。そこに派遣され、駐在する幕臣は、その役所に求められた任務を果たすとともに、おのずと聞こえてくるであろうその地と周辺地域の情報を、御用状（公用書状）で定期的に江戸幕府に報告していた。また、派遣されている幕臣は、江戸の留守宅や知人にその地の出来事などを手紙で知らせている。全国各地に置かれた幕府の出先機関やそこに赴任する幕臣の存在が、幕府にだけでなく、江戸の住民に情報が集まってくる理由の一つである。

3 参勤交代制度と江戸藩邸

江戸藩邸（大名屋敷）

一万石以上の領主を大名と呼び、約二六〇家ほどあった。彼らには参勤交代の義務があり、基本的に一年おきに江戸と国元を往復した。なお藩という名称は、大名の領地や支配する組織をさす用語であるが、江戸時代には公的には用いられず、明治元年（一八六八）に明治政府により公称となった。本書では、便宜的に藩を用いる。

参勤交代の制度は、寛永《かんえい》一二年（一六三五）に外様《とざま》大名、寛永一九年（一六四二）に譜《ふ》代《だい》大名に適用されて全面的に確立した。これにより幕府の大名統制が強化されるとともに、陸上と海上の交通網が整備され、江戸などの城下町を中心に都市が発展した。都市に集住する消費者人口の増大は、交通網を通じて全国の物流を活発化させ、とくに最大の人口を有した江戸に、人と物の流れが集中していった。

大名の隔年の参勤交代に加え、大名の正室（正妻）と跡継ぎの子は江戸に住むことを義務づけられ、幕府は、大名と妻子が江戸で生活するために、多くは上屋敷、中屋敷、下屋敷の三か所の屋敷地を与えた。大名は、拝領した屋敷地に、江戸屋敷、あるいは藩邸と呼ばれる御殿を建て、隔年に一年間そこで暮らした。上屋敷を江戸生活のおもな施設とし、中屋敷は上屋敷が火災で焼けた時の控え屋敷、あるいは隠居後や跡継ぎの子の屋敷として使い、下屋敷は火災のさいの避難所にしたり、庭園を造ったりして遊興の施設などに使った（大名家の江戸藩邸については、松尾美惠子・藤實久美子編『大名の江戸暮らし事典』による）。

このほか、一万石未満の旗本のなかには、大名に準じる格式を与えられた交代寄合《こうたいよりあい》もいた。彼らは、知行地に居住して参勤交代を義務づけられているため、江戸に住むための屋敷地を幕府から拝領していた。その数は、最上《もがみ》家、生駒《いこま》家、金森《かなもり》家、木下家、朽木《くつき》家、那須衆四家、信濃衆三家など三四家にのぼった。

二六〇をこえる大名家、三四の交代寄合家が藩邸を持って江戸に集住していると、おのずと大名社会、「大名の世間」が生まれる。大名家は、姻戚関係などさまざまな経緯で、他の大名家や旗本家と交際関係を持っていた。たんなる音信贈答の関係もあるが、助言や指導を乞う関係もある。交際とは関係なく、幕府は触書《ふれがき》や通達などを伝達する便宜として、大名家をいくつかのグループに分けた。そのような、大名家の関係もある。

藩邸には、幕府や他藩との連絡、交渉にあたった留守居役《るすい》（藩により、聞番《ききばん》、聞役《ききやく》、公儀人《こうぎにん》、城使《じょうし》ともいう）が置かれていた。留守居たちは、いくつかの藩の同役が集まって留守居組合を作り、日常的に政治や社会の情報を交換し、先例・旧格などを教え合っていた。このなかで、幕府、他家・他藩の内情や内幕話が情報として交換されていく。

藩邸に住む人びと

江戸藩邸には、江戸に長期間滞在する、あるいは常駐する定詰《じょうづめ》藩士と、藩主の参勤交代につき従って、一年か一年半ほど藩邸に詰める勤番侍《きんばんざむらい》がいた。庄内（現・山形県鶴岡市）藩酒井家一四万石の場合、寛文《かんぶん》七年（一六六七）に、藩主が国元にいる時の藩邸の人数は、武家奉公人である足軽・中間《ちゅうげん》を含めて四三五人、藩主が江戸にいる時は七八〇人にものぼったという。この武家奉公人は、江戸市中から人宿《ひとやど》という、奉公人斡旋《あっせん》業者を通じて調達された。

藩邸に住む者のなかには、学問に志す学者藩士もいた。一例として、日向飫肥《ひゅうがおび》（現・宮崎県日南市）藩出身の大儒者安井息軒《そっけん》（一七九九〜一八七六）を紹介しておこう。

学者藩士

江戸時代の学問の中心は儒学で、わけても朱子学だった。京都や大坂にも有力な儒学の塾があったが、江戸には朱子学の家元ともいうべき林家《りんけ》（林羅山《らざん》から続き、代々、大学頭《だいがくのかみ》に任じられた）があり、有力な儒者の塾も多数あった。

幕府は寛政《かんせい》改革の教学政策として、寛政二年（一七九〇）に朱子学を正学《せいがく》（官学）とする「寛政異学《いがく》の禁」を出し、朱子学の振興を図った。柴野栗山《りつざん》、岡田寒泉《かんせん》、尾藤二洲《じしゅう》といった、後に「寛政の三博士」（岡田寒泉に代えて、寛政八年に登用された古賀精里《せいり》をさす場合もある）と称される朱子学者を幕府儒者として登用し、林家の強化を図った。さらに寛政五年、美濃岩村（現・岐阜県恵那市）藩主松平乗薀《のりもり》の三男、後の林述斎衡《じゅっさいたいら》（一七六八〜一八四一）を、林家の養子として跡を継がせた。

寛政九年、林家の家塾を幕府の学問所（昌平黌《しょうへいこう》と称される）とし、抜本的に拡充整備した（湯島聖堂の近く、現・東京医科歯科大学の敷地）。昌平黌は、幕臣だけではなく諸藩士から庶民にまで門戸を開いていったので、全国から江戸に学生が集まった。

幕末の大儒者安井息軒は、寛政一一年、儒者安井滄洲《そうしゅう》の子として生まれ、父について学んだのち、まず、文政三年（一八二〇）に大坂に出て篠崎小竹《しょうちく》（家塾梅花《ばいか》書屋《しょおく》）に入門し、文政五年に帰郷した。さらに同七年に江戸に行き、幕府儒者古賀侗庵《どうあん》に入門し、ついで昌平黌に入学した。文政九年に江戸に来た飫肥藩主の侍読《じどく》（侍講《じこう》とも。藩主に学問を教授する係）となり、翌文政一〇年に帰郷し、天保二年（一八三一）に藩校振徳堂《しんとくどう》が設立されると、父滄洲が総裁兼教授になり息軒は助教になった。天保四年に藩主の供をして江戸に行き、一年間を藩邸に暮らした。さらに同七年にも江戸に行って藩邸に住み、ついでふたたび昌平黌に入学している。

安井息軒の場合は、いったん藩校教授になったが、ふたたび江戸に行き国元には戻らなかった。しかし、江戸に出て昌平黌で学び、国元に戻って各藩の藩校の教授になっていく学者も多かった。これは、学問（とくに朱子学）の江戸集中とそこからの拡散である。

藩邸に出入りする人びとと情報

藩邸に限られないが、武家は、日用品から嗜好品まで、その調達を商人・職人に依存していた。たとえば、美作《みまさか》津山（現・岡山県津山市）藩松平家五万石は、寛政三年（一七九一）の江戸藩邸の総経費が、九八三六両で、藩の総収入の四〇パーセントにあたった。また、出雲松江（現・島根県松江市）藩松平家一八万六〇〇〇石は、寛政三、四年頃の江戸経費が四万二一七四両で、藩の全収入の二五パーセントにあたった。このように、藩邸から巨額な支出がなされたのである。

藩邸も旗本・御家人の幕臣家も、「御出入り」とか「御用達《ごようたし》」と呼ばれる、特定の商人・職人と関係を持っていた。加賀藩の江戸屋敷では、両替商・廻船問屋、衣料品や食料・道具類など藩主家族の生活物資を納入する商人・職人、藩邸内の建物などの作事を担う職人、藩邸が必要とする労働力を供給する鳶《とび》・人宿、屋敷の便所の汲取り（下掃除）を担う江戸近郊農村の百姓らがいた。藩邸内に住む藩士たちにも、その必要を満たすたくさんの商人や職人が出入りしていた。交代寄合の旗本も、江戸屋敷を拝領し参勤交代をしていることから、藩邸と同様の需要があったと思われる。

一般の旗本・御家人の家も同じで、やはり出入りの商人や職人が数多くいた。藩邸、幕臣の家は孤立した小宇宙ではなく、江戸市中の多様な人びとと関わりを持ちながら存在していたのである。そこから、藩邸にはさまざまな「世間話」という情報がもたらされた。

その例を、ある大名家の江戸藩邸を訪れた人の話をおもに書き留めた、『元禄世間咄風聞集《せけんばなしふうぶんしゅう》』（岩波文庫。原題は『世間咄風聞集』）から紹介しよう。

『元禄世間咄風聞集』から

まず、『元禄世間咄風聞集』の校注者長谷川強氏の解説（同書九～一〇頁）から、藩邸にどのような訪問者があり、どのような情報がもたらされたのかをみてみよう。

訪問者は、老中から上級旗本、俳人、碁打、検校《けんぎょう》（盲人の最上位者）、そしていろいろな芸人とおぼしい人物まで、まことにさまざまである。そこで話された話題は、大名家、あるいは大名と旗本、大名家中と町人などとのトラブル、多少とも公になった事件と武家の不始末などの内幕話で、大名家や旗本家の裏面・暗部である。元禄時代らしく、生類憐《しょうるいあわれ》み令関係の話題も多く、さらに、落首《らくしゅ》・落書《らくしょ》・狂歌、民間のニュース、巷説、犯罪、奇談・怪談・由来談、落《お》とし咄、雑知識と、まことに雑多な話の集録である。

とくに、大名家や旗本家内部の内幕話、裏話が、「世間話（咄）」として、市中の話題、雑談にのぼっていることが重要だろう。藩邸や旗本の内幕が世間の噂にのぼり、それが雑談のように伝えられている。一つだけ紹介してみよう。

荻原重秀への反感を示す噂

赤字におちいった幕府財政を、元禄貨幣改鋳（慶長金銀の質を落とした元禄金銀の鋳造）により切り抜けようとした勘定頭《かんじょうがしら》（後の勘定奉行）荻原重秀《おぎわらしげひで》（一六五八～一七一三）に関わる元禄一五年（一七〇二）の噂話である。

身分の高い有力武家の後押し《あとお》（「歴々の御方跡《後押し》をし候衆これ有る」。これが荻原重秀のこと）もあるという富裕な町人四名が、町奉行松前嘉広《よしひろ》（一六九七～一七〇三年在職）のところへ、「幕府の御為」と称して訴願にやってきた。米価を一石一両に公定し、凶作でも豊作でも米価を変えないように定めたうえ、江戸の米売買を独占する権利を認めてくれるなら、得られた利益のうちから幕府に多額の運上金《うんじょうきん》（営業税。ここでは、特権を認められた見返りの上納金）を納める（これが「幕府の御為」）と申し出た。

これに対して町奉行松前は、町人の訴願は一見すると幕府の利益になるが、真の幕府の利益とは、万民が難儀せず、幕府の利益にもなることを指すのである。この提案は幕府の為ではなく訴願者の為のもので、江戸の町人は負担になり難儀する。二度と願い出てはならない、と申し渡して却下したという。

ところが、四名の町人はふたたび訴願してきたので、町奉行松前は「不届き千万」と叱りつけ、幕府の御為御為と言って自分の利益を追求している者が、身分の高い有力者の武家にもいる（「か様なる儀を申す者、歴々《れきれき》にもこれ有る」）と言い、幕府の御為御為と言うが、万民が難儀しては幕府の御為にならないので、四名の町人を縄で縛り、奉行所門前に一日晒《さら》し（縛った罪人を道端に晒し、見せしめにした刑罰）にしたという。町奉行松前は、荻原重秀がこの四名の町人を支援していると察して、このような晒し者にしたのだという。

この噂話は、幕府の実力者、勘定頭荻原重秀に対する、町奉行松前嘉広のあてつけだったというのである。荻原は、元禄金銀改鋳を強力に推し進めて老中らの信任を得る一方、私欲を逞しくしているのではないかとも疑われていた（新井白石『折たく柴の記』岩波文庫)。荻原重秀に対する幕臣や町人らの反感をよく示す噂話である。

『よしの冊子』から

藩邸とは必ずしも関わらないものの、市中の風聞を中心に「世間話」を情報として収集したものとして、『よしの冊子《ぞうし》』を紹介しよう。

寛政の改革を主導した老中松平定信《さだのぶ》の側近、水野為長《ためなが》が、政治の参考として定信のために隠密に集めさせた情報を整理したのが、『よしの冊子』(『随筆百花苑』第八、九巻)である。世間の噂話を集録している。江戸城内や江戸市中に流れる、幕府役人、旗本、町人らに関する噂、世間の出来事の内幕話、改革政治の評価に関わる風聞などなど、多岐にわたる「世間話」が「～のよし」と書き留められている。大名家や旗本家の内幕から市井の事件まで、多様な情報が江戸市中に飛び交っていることがよくわかる。

八王子千人同心の情報と改革

一例として、現在の八王子市内を中心に居住し、日光東照宮の火の番をおもな任務とした、八王子千人同心に関わる噂を紹介しよう。寛政元年(一七八九)七月の風聞である。

八王子千人同心は、全体として規律が乱れ、一人で何株も持っている者（千人同心株を数株も購入した者）がいて、交代で務める日光火の番の任務が廻ってくると、人を雇って代わりに務めさせたり、千人同心株を百姓の名前で持っていたりする者もいて、はなはだ不埒のよし。長田甚左衛門が鑓《やり》奉行になって改革するそうだと噂されているよし。

寛政二年五月にもつぎのような風聞が書き留められている。

江戸城大手三之門の警備などを担当している百人組（甲賀組・根来《ねごろ》組・伊賀《いが》組・二十五騎組の四組の同心一〇〇人）の同心が青山や大久保に拝領している屋敷地は、広すぎて手入れが行き届かず荒れ地状態なので、ここに千人同心を引っ越しさせる計画があるとのよし。

千人同心株が売買され、一人で複数の同心株を持つ者がいて、日光火の番の順番になると自分では日光に赴かず、誰かを雇って役目を務めさせたり、千人同心株の名義を百姓の名にして持っている者もいるなど、とにかく八王子千人同心の規律は乱れ切っているので、寛政元年閏六月一九日にお先手《さきて》から転任した新任の鎗奉行（老中支配で、千人同心を管轄）長田甚左衛門繁�POS《しげたけ》が改革すると噂されているという。また、八王子千人同心を八王子から青山・大久保へ移す計画があるとも噂されていた。

幕府は、寛政二年八月に千人頭一名を若年寄京極高久《たかひさ》宅に呼んで尋問し、老中松平定信の指示で、千人頭一〇名の内三名を千人同心取締り掛《かかり》に任命し、鎗奉行長田甚左衛門のもとで改革に着手した。長田による現地八王子の調査もふまえて、寛政四年二月には千人組改正令が出されて、千人組改革が本格化した（『新八王子市史』通史編3近世〈上〉）。

水野為長が隠密を使って収集した情報は、たんに噂話として聞き流されず、幕府による八王子千人同心改革につながったのである。

情報の飛び交う江戸

藩邸などに出入りしていたのは、商人や職人だけではなく、僧侶や町医師たちもいる。たとえば、松浦《まつら》静山《せいざん》『甲子夜話《かっしやわ》』（『甲子夜話続編』『甲子夜話三篇』平凡社東洋文庫）などをみると、隠居大名のもとに、実に多様な人びとが出入りしていることがわかる。静山は彼らから情報を得るが、おそらく彼らも静山から情報を得る、双方向の関係にある。

大名家や交代寄合家、幕臣家の内部情報は、おそらく江戸市中の人びととの接点から外部に漏れ出すのであろう。江戸市中は、真偽取り混ぜて情報が充満し飛び交う空間だった。江戸市中で噂された風聞のうち、幕府がさまざま張っているアンテナにかかった幕府政治にとって問題となる情報を、さらに探ってゆくことになる。江戸でキャッチした情報を確認する、あるいは深めるため、全国各地へ要員を派遣し、情報を収集したのである。

4 全国的な交通網

江戸時代の水陸の交通のあり方も重要である。それは人と物だけではなく、情報も行き交うからである。陸上交通は、江戸幕府によって全国的に街道網が整備され張りめぐらされた。なかでも幹線道路である東海道、中山道、甲州道中、日光道中、奥州道中の五街道は、江戸の日本橋が起点であり終点だった。その五街道から分岐、連絡する脇往還《わきおうかん》（脇街道）も整備され、すべての道は江戸に通じていたのである。

情報は、江戸に集まり江戸から全国に広がってゆく。この街道は、関ヶ原の戦いで徳川氏側が勝利して以降、急ピッチで整備が進み、参勤交代制度の確立と同時期に、交通網も整ったのである。五街道のなかではもっとも整備の遅かった奥州道中も、寛永（一六二四～四四）の末年までには整備されたので、全体として江戸時代の陸上交通網は一七世紀半ばには確立したといえる。

江戸時代の大量輸送は海上交通だった。代表的な海上輸送は、西廻り海運と東廻り海運だった。西廻りは、東北・北陸の諸港から日本海沿岸づたいに下関海峡から瀬戸内海を廻って大坂に至る廻船である。東廻りは、東北地方の日本海沿岸諸港から北上し、津軽海峡を通って太平洋岸を南下して房総半島を廻り江戸に至る廻船だった。大坂と江戸を結ぶ海路は、南海路と呼ばれ、菱垣《ひがき》廻船や樽《たる》廻船が就航した。この西廻り海運は寛文《かんぶん》一二年（一六七二）に、東廻り海運は寛文一一年に、材木商や土木建築業などを営んだ河村瑞軒《ずいけん》（一六一八～九九）が、幕府の命をうけて確立させた。江戸時代日本の物流の大動脈は、一七世紀半ば過ぎに確立したのである。

このようにして、全国の海上交通も大消費地の江戸に通じ、この海上交通路にのって、街道よりも迅速に全国の情報は江戸に集まり、各地へ拡散していく。

図表1 五街道と西廻り・東廻り海運

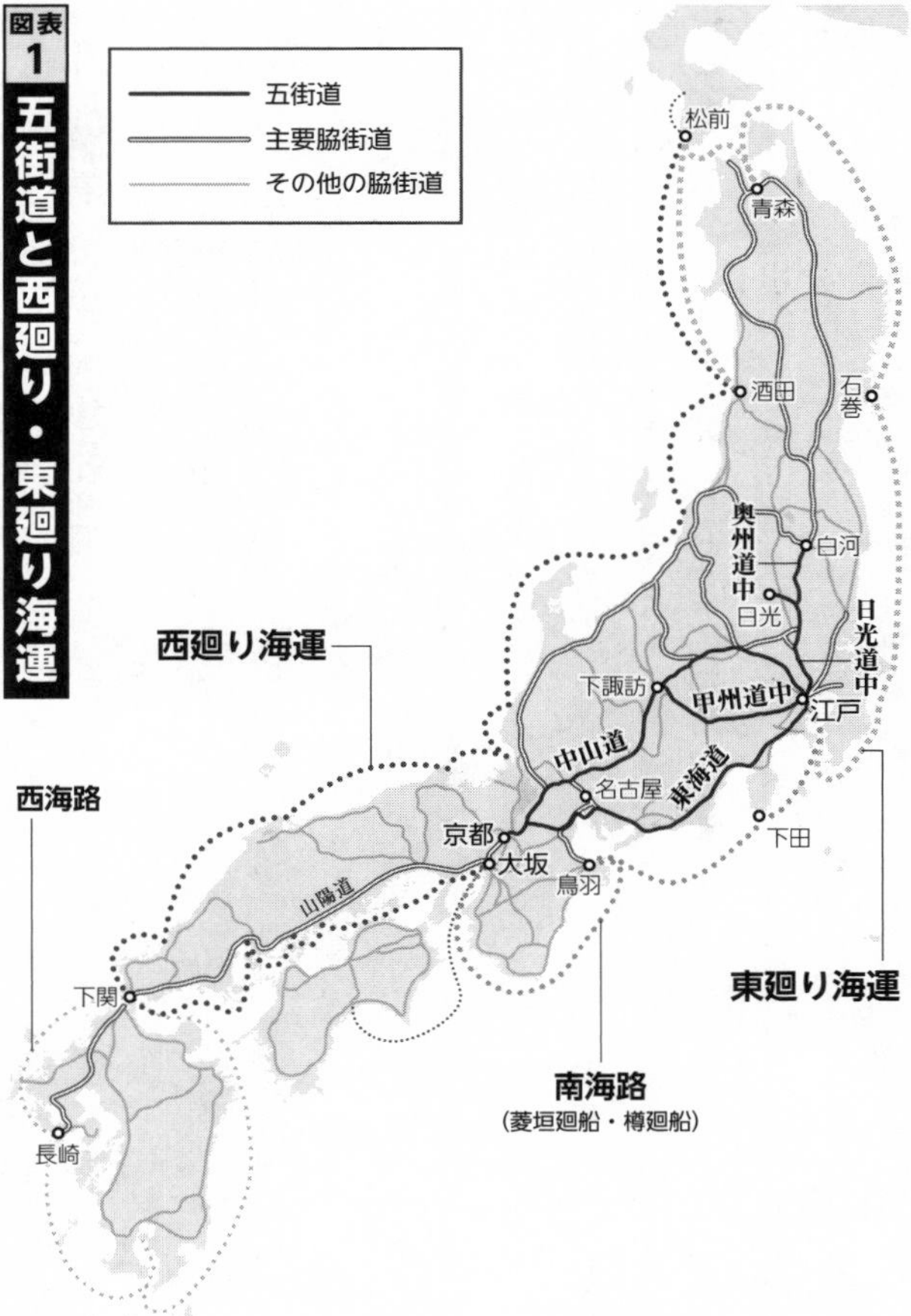

5 江戸幕府の情報収集組織

江戸幕府が情報を収集する組織の概略を示すと、【図表2】のようになるだろう。

幕府が入手する情報としては、全国に散在する遠国《おんごく》勤務の役人である遠国奉行、郡代・代官などの出先機関からもたらされるものが大きいだろう。また、全国の大名（藩）からも、領内の災害や異変についての情報が届書によりもたらされた。このようにして、江戸幕府にはおのずと全国から各種の情報が入ってくるのである。

外国情報は、長崎奉行を通じて、オランダ商館長が提出する「オランダ風説書」により世界情報、中国船が提出する「唐船《とうせん》風説書」（享保《きょうほう》〈一七一六～三六〉以降は、重要性が薄れたといわれる）により中国情報を入手していた。また、薩摩藩から琉球を通して中国情報が、対馬《つしま》藩から朝鮮情報と、朝鮮を介して中国情報が入った。松前《まつまえ》藩からは、届書の形でアイヌとロシア情報、幕府が蝦夷地を直轄していた時期は、箱館《はこだて》奉行（あるいは松前奉行）からアイヌ・ロシア情報を入手した。このように、海外情報はいくつものルートから入手していたのである。オランダ商館長からの世界情報については第五章、箱館奉行によるア

図表2　江戸幕府情報収集概略図

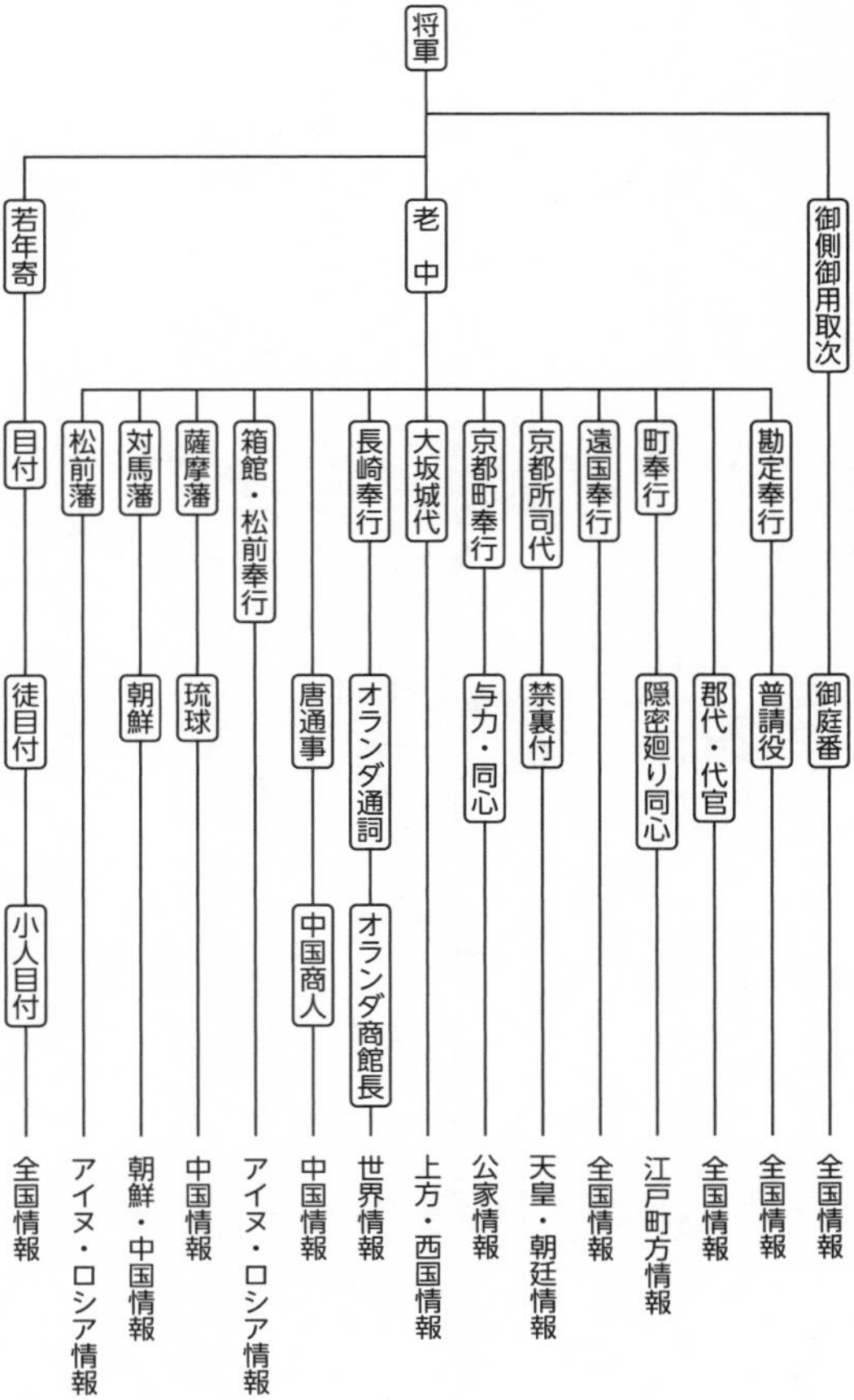

イヌ・ロシア情報については第六章で取り上げる。

幕府の情報収集活動で、もっとも組織的で基幹的なものは、【目付—徒目付—小人目付】によるものである。これは、老中や若年寄の指示をうけて情報収集にあたり、とくに小人目付のなかには、「隠密」と俗称され、変装して情報探索にあたる者もいた。全国を対象にして情報収集にあたり、老中・若年寄の政策や人事の判断を支える存在だった。その活動の具体例は第二章で取り上げる。

勘定奉行は、配下の普請役を使って隠密に情報の収集をおこない（第三章）、町奉行は隠密廻り同心により江戸町方の情報を集めていた（第四章）。京都所司代《しょしだい》、禁裏付《きんりづき》、京都町奉行所は、天皇、公家らの動向を監視し、その行状について情報を収集していた（終章）。

以上の情報は、最終的には老中・若年寄に上がっていくものであるが、それとは異なるのが御庭番《おにわばん》による情報収集である。御庭番は、隠密に全国各地へ出かけて情報収集していた。これは、将軍直属の情報収集で、御側御用取次《おそばごようとりつぎ》を介して将軍の指示が与えられ、報告書である「風聞書《ふうぶんしょ》」が将軍に上げられた。御庭番が集めた情報は、必要に応じて将軍から老中・若年寄らに下げ渡された。次章で詳しくみてみよう。

なお、将軍のみが知り得る情報という点で、御庭番は目安箱《めやすばこ》と同じである。幕府は享保六年（一七二二）、八代将軍徳川吉宗《よしむね》（一六八四～一七五一、将軍在職は一七一六～四五）の時に江戸城辰（竜）の口（現・千代田区丸の内一丁目）の評定所《ひょうじょうしょ》門前に目安箱を置いて、庶民に直訴状を投函させたが、これは庶民の不満や建言を吸い上げるとともに、庶民からの情報収集の役割も果たした。

第一章

将軍直属の「スパイ」がいた！

――御庭番の情報収集と幕府政治

1 御庭番とは

吉宗が創設した情報システム

将軍に直属する情報収集の役人、それが御庭番である。ここではまず、御庭番とは何かについて説明し、ついで、御庭番の集めた情報が、将軍の政治判断に果たした役割を、天保一二年（一八四一）の三方領《さんぽうりょう》知替《ちがえ》の撤回という大事件からみてみたい。いったん正式に発令した領知替を中止、撤回したのは、江戸幕府にとって初めての大失態であり、将軍と幕府権力の弱体化を印象づける事件だった。

まず、御庭番とは何かについて、深井雅海氏の解説を紹介しよう（深井『江戸城御庭番 徳川将軍の耳と目』）。

御庭番は、紀州藩主徳川吉宗が八代将軍職を継いだ際、将軍独自の情報収集機関として設置されたものである。この将軍直属の隠密という点が、他の隠密とは異なる御庭番の最大の特色であった。そして御庭番は将軍やその側近役人である御側御用取次の指令をうけて、諸大名や遠国奉行所・代官所などの実状調査、また老中以下諸役人の行状や世間の風聞などの情報を収集、その調査結果を風聞書にまとめて上申し、将軍はその情報を幕府政治に反映させていた。かくして御庭番は、将軍が老中以下の行政機構に対抗し、幕政の主導権を握る際の重要な手段としての機能を持ち、その役割は幕末まで維持されたのである。

いま少し解説をつけ加えておこう。享保元年（一七一六）に紀州藩主徳川吉宗が、第八代将軍として将軍家を相続したさい、紀州藩で隠密御用を勤めていた薬込《くすりこめ》役を幕臣に編入した。薬込役は、もともとは主君の銃に玉薬《たまぐすり》＝弾薬を装塡する役で、ついで大奥を警護する広敷《ひろしき》番のもとで、お供や警固、そして女中衆の付添などに従事し、時に密命を帯びて隠密の情報収集にあたったという。

幕臣になった彼らを御庭番家筋一七家として、以後代々にわたり将軍直属の隠密御用に従事させたのが、御庭番の始まりである。享保一一年（一七二六）、それまでの広敷伊賀者から伊賀者御庭番の役職名が付けられた。広敷役人として大奥の御広敷用人の身分支配〈御広敷用人が、家督相続、婚姻、御目見《おめみえ》〈将軍に謁見〉などの願書や切米《きりまい》・扶持米《ふちまい》など俸禄関係文書の提出先になるという意味）をうけたが、職務上は中奥役人《なかおく》である小納戸《こなんど》頭取《とうどり》らの指示をうけ、情報収集などの内密の職務は中奥役人のトップ、御側御用取次の指図をうけて働いた。

江戸城を空間的に区分すると、老中以下の諸役人が執務し、さまざまな殿中《でんちゅう》儀礼をおこなう「表《おもて》」と、将軍やその妻である御台所《みだいどころ》や側室らが暮らす「奥《おく》」に分かれ、「奥」は、将軍が日常生活を送り政務を処理する場である「中奥」と、女性たちが暮らす「大奥」に分かれていた。中奥役人には、側衆《そばしゅう》、小性《こしょう》、小納戸などがいて、将軍の政務処理と日常生活を支えていた。御庭番は、通常の御用は小納戸の長である小納戸頭取から、内密の御用は側衆の長である御側御用取次から指図をうけたのである。

徳川吉宗　和歌山市立博物館所蔵

将軍直属の隠密

御側御用取次は、吉宗が将軍になるさい、紀州から連れてきた加納久通《ひさみち》と有馬氏倫《うじのり》を任命したのが始まりである。吉宗は、元禄時代から続いた、柳沢吉保《よしやす》、間部《まなべ》詮房《あきふさ》ら側用人《そばようにん》が強い権力をふるった「側用人政治」を否定したが、新しくそれに類似した役割を果たす御側御用取次を設けた。将軍と老中以下の諸役人との間に立って、御用を「取り次ぐ」のがおもな役割で、幕政の重要な機密事項に触れ、将軍の側近として政務の相談にもあずかった。老中は、御側御用取次を通さなければ将軍に面会すらできず、将軍の意思も御側御用取次を通して伝えられた。図式化するとつぎのようになる。

【将軍⇕御側御用取次⇕老中・若年寄・諸役人】

御庭番と将軍・御側御用取次の関係も、基本的には同様で【将軍⇕御側御用取次⇕御庭番】となる。

ただ御庭番は、例外的に【将軍⇕御庭番】という将軍直接の命令もあったという。重要なのは、老中が介在しないという点で、まさに将軍直属の情報収集役人だった。

情報収集の活動には、大別すると、①江戸向き地廻《じまわ》り御用、②遠国御用の二つがあった。①は、江戸と周辺地域の情報収集であり、②は、①以外の全国の情報収集である。①の任務には、老中以下諸役人や幕臣の身辺調査と風聞の収集が含まれていた。

幕末に御庭番だった川村帰元（修正《なりまさ》）が、明治二五年（一八九二）に、「やはり容姿《すがた》は変えて分らぬようにして行くというのではありませぬか」という質問に対して、つぎのように答えている（旧事諮問会編・進士慶幹校注『旧事諮問録』下、岩波文庫）。

姿は変えて行くのです。内密の訳でございますから。たとえ私が御庭番の川村であっても、姿を変えても人間は同じですが、川村だと言っては歩行《ある》けぬ訳でございます。それには種々自分の思付きもございますが、しかしながら探索のためでございますから、姿を変えると申しても、あまり不体裁のことになりましては、全く間違いられて顕われたときに、御手元から出る探索はあれかというようになっては些《ち》と困りますから。それ故にその辺の所は注意をいたしたもので。やはりそれには従来の仕来りがありまして、それをばその時に応じて撰ぶようなものの、だいたいは旧来の規則を守っているのでございます。

御庭番は、隠密な情報収集に出かける時姿を変える、つまり、御庭番とはわからない姿に変装する。まさに隠密である。

2 三方領知替の撤回と御庭番

三方領知替とは

幕府は、天保一一年（一八四〇）一一月、出羽庄内（現・山形県鶴岡市）藩酒井家を越後長岡（現・新潟県長岡市）へ、越後長岡藩牧野家を武蔵川越（現・埼玉県川越市）へ、武蔵川越藩松平家を出羽庄内へ所替を命じた。このように三大名を玉突き式に所替するのが三方領知替で、それまでに七回もおこなわれているので、それほど珍しいことではなかった。しかし、翌一二年七月、幕府はこの三方領知替命令の撤回に追い込まれ、所替に失敗してしまった。

天保一一年の三方領知替の発端は、川越藩松平家が、一一代将軍徳川家斉《いえなり》（天保八年に将軍職を子の家慶《いえよし》に譲って引退し、大御所と呼ばれた。家斉は、大御所になっても幕府の実権を死ぬまで握っていた）の第五三子斉省《なりさだ》を養子に迎えたのを利用して、破綻しかかった藩の財政を条件の良い領地へ移ることによって打開しようと、家斉に働きかけたことにあった。

不公平な幕政——家斉子女の縁組み先の優遇

その直近の三方領知替に、天保七年(一八三六)に、石見浜田(現・島根県浜田市)藩松平家を陸奥棚倉《たなぐら》へ、陸奥棚倉(現・福島県棚倉町)藩井上家を上野館林《たてばやし》(現・群馬県館林市)へ、上野館林藩松平家を石見浜田へと、玉突き式に移した例がある。この所替は、領内の状況により、上野館林から石見浜田へ移った松平斉厚《なりあつ》(武厚《たけあつ》を改名)が圧倒的に有利だとみられた。それに対して、陸奥棚倉へ移された石見浜田の松平康任《やすとお》は、もっとも条件の悪い不利な所替だった。なんとなれば、陸奥棚倉は、不手際、失態をおかした大名が、懲罰として所替されることのある土地だったからである。しかも、松平康任は天保六年九月末まで老中を務めていたほどの大名である。

なぜ、このような一見すると不公平な所替がおこなわれたのか。それには二つの理由があった。第一は、館林藩主松平斉厚が、文政五年(一八二二)に将軍家斉の第四八子斉良を婿養子に迎えたことである。当時、将軍家斉の子女を養子や妻に迎える縁組みをし、将軍家と姻戚関係になった大名が、さまざまな面で明らかに優遇されていた。それは、普通は認められない拝借金《はいしゃくきん》(無利子年賦返済という恩恵的な幕府の融資制度)をさまざまな理由をつけて認め、さらに、加増や有利な領知替すらおこなわれるなど、縁組み大名は露骨に経済的な優遇をうけていたからである。

第二は、松平康任の棚倉所替は懲罰だったことである。松平康任が老中だった時、但馬出石《いずし》（現・兵庫県豊岡市）藩五万八〇〇〇石の大名仙石《せんごく》家で御家騒動（仙石騒動と呼ばれる）がおこった。極度の財政難の打開策をめぐって重臣たちが対立し、それに藩主仙石政《まさ》美《みつ》の死後、継嗣がいないことが絡み合い、家老の仙石左京が主家乗っ取りを企てたと疑われ、反対派に攻撃され御家騒動に発展した。幕府はこの騒動を取り調べた結果、仙石左京を獄門《ごくもん》に処し、仙石家を三万石に減封した。断罪された仙石左京は、実子の小太郎の妻に松平康任の弟の娘を迎えて康任に近づいた。結局、松平康任は、老中でありながら騒動の一方に荷担したのはあるまじき行為、として幕府から厳しく咎められたのである。棚倉所替は、その落ち度への懲罰だった。

館林松平家の石見浜田への所替は、縁組み大名への優遇策であり、石見浜田松平家の陸奥棚倉への所替は懲罰だった。他の大名からみると、館林松平家の所替は、また例の不公平で露骨な縁組み大名優遇策、と不満を持つが、石見浜田の松平家の所替は、落ち度への懲罰なので納得できる、ということになる。一方に不満は残るが、他方は納得できる所替だった。これが、三方領知替に失敗しなかったポイントである。

際だつ川越松平家の優遇

さて、武蔵川越藩の藩主松平矩典《のりつね》は、藩財政の極度の困窮を打開するため、家斉の子との縁組みを画策した。矩典は、実子が生まれたにもかかわらず、家斉の第五三子斉省を養子に迎えるべく運動し、文政一〇年（一八二七）に養子縁組が許された。下心、魂胆ミエミエなのだが、家斉と縁組み関係ができた。その甲斐あって、天保四年（一八三三）に七〇〇〇両、同六年に五〇〇〇両、同一〇年に一万両と、矢継ぎ早に拝借金を許された。さらに、川越から条件のよい領地への所替を願って家斉に働きかけ、とうとう実現したのが三方領知替による出羽庄内への所替だった。

この時の三方領知替が、家斉の子女を迎え、縁組み関係をもった大名を露骨に優遇する不公平な幕政運営によることは、誰の目にも明らかだった。領知替は当時、幕府が勝手にできるものではなく、大名らに納得できる理由のあるものに限られてきた。先述した石見浜田の松平家のように、何らかの落ち度への懲罰として所替されるなど、もっともな理由があり、やむを得ない、と他の大名が納得できるものとなっていた。

大名の反発と庄内領民の反対運動

ところが、今回の三方領知替の対象になった牧野家にも酒井家にも、所替させられるほどの明らかな落ち度があるとは思われなかった。そのため、幕府の恣意性が際だっていた。はっきりした理由もなく所替され、しかも縁組み大名優遇策の犠牲にされたのでは堪《たま》らないという不安と、不公平な幕政への積もり積もった憤懣《ふんまん》が重なり、大名たちが幕府批判の意を込めて所替の理由を問いただす文書を提出するまでに至った（清野鉄臣編『荘内天保義民』）。

さらに、新領主松平家による年貢増税を恐れた庄内藩の領民が、地元で大集会を開いて所替反対（酒井家の継続）の意思を固め、仙台藩や水戸藩へ訴願し、さらに江戸へ代表を派遣して老中らへの駕籠訴《かごそ》（老中らが登城や下城するさい、その駕籠に取り縋《すが》って訴願状を渡す行為のこと）を敢行した。これは、直訴《じきそ》であり越訴《おっそ》（本来の訴訟手続きを踏み外した訴えのこと）で違法なのだが、この頃は、老中らが訴状を読んで措置を指示し、訴願者は急度叱《きっとしか》り程度の軽い罰で終わることが多かった。そのような状況もあり、庄内藩の領民は駕籠訴を繰り返し、激しい反対運動を展開した。

将軍の領知替撤回と御庭番

このような諸大名の動きや庄内藩領民の反対運動の激化をうけて、一二代将軍徳川家慶《いえよし》は、所替の実行は困難で、中止こそ「天意人望に叶う」と判断し、老中水野忠邦《ただくに》（一七九四〜一八五一）の反対を押し切って三方領知替を撤回させた。

諸大名の領知を没収（改易）したり他の場所へ移動させる（転封・所替）のは、世界史的にも江戸幕府徳川将軍に特徴的な権限とされる。そこに、将軍権力の強大さが認められる。しかも、正式に発令した所替命令を撤回した事例は、前代未聞だった。今回、大名の不満や領民の反対運動によって所替の撤回に追い込まれれば、将軍権力が弱まりつつあることを露呈するとともに、今後の幕政運営の難しさを予感させるに十分だった。

所替の中止という重大な政治判断を、しかも幕府が深刻な痛手を負うことになるのが目にみえている三方領知替の中止を、将軍主導で決定するうえで、御庭番による情報収集活動が重要な役割を果たした（以下、時間的な経過の説明は、東北大学附属図書館狩野文庫所蔵新見《しんみ》記録「新見正路《まさみち》日記」、藤田覚『幕藩制国家の政治史的研究』）。

将軍の所替中止理由

天保一二年（一八四二）六月七日、将軍家慶は老中水野忠邦らを御前に招き、御側御用取次新見正路が起案した文書（「御趣意書取《ごしゅいかきとり》」）を渡した。その文書の内容は、つぎの通りである（青木美智男「旗本新見家に残された天保12年「三方領知替」中止をめぐる史料」）。

①庄内藩の領民は、新領主となる川越松平家が貧乏なので、年貢増税などの酷い支配になるのを恐れている。

②松平家の支配となった庄内領で騒動がおこれば、松平家をふたたび所替や処罰することになりかねない。

③領知替を実行して領民の騒動が激化し、周辺の大名に鎮圧を命じる事態になると不穏な情勢になり、「国威」を損なうことになる。

④結論として、庄内領の騒動の風聞や庄内藩酒井家の嘆願（実質三、四〇万石の庄内領から一四万石の長岡領に移ったのでは、家来を養えない、など）とは関係なく三方領知替を中止し、海岸防備態勢の整備を名目にして、庄内領の酒田と長岡領の新潟を上知《じょうち》

（幕府領にすること）すれば、いったん発令した所替を中止しても「国体」に関わることはなく、その方が天意人望に叶い、かつ天保の改革により政治を刷新しようとしている趣旨にも叶う。

⑤海岸防備の観点から、酒田・新潟以外の私領の港湾の上知を進めるべきではないか。

⑥財政危機の川越松平家には二万石加増してはどうか。

要するに、三方領知替を実行すれば、とんでもない大騒動になりかねないので中止・撤回するという結論だった。領知替断行より中止・撤回の方が、「天意人望に叶う」という判断だった。将軍家慶は御側御用取次ら側近と協議し、このような結論を下したのだが、その前提になる情報は、御庭番が収集した「風聞書」と呼ばれる秘密情報だった。

御庭番の情報収集

御庭番村垣《むらがき》与三郎（範忠《のりただ》、範正《のりまさ》。のち勘定奉行、外国奉行などを歴任）と川村新六（小十人《こじゅうにん》格《かく》御庭番）から、天保一二年五月三日に風聞書が出された。その翌日、将軍は老中の水野忠邦と太田資始《すけもと》の両名を御前に招き密談（「御人払《おひとばらい》御用」という）している。五月一〇日にも風聞書が出され、やはり翌日、将軍と老中の密談がおこなわれると、その翌日の一二日、御庭番の村垣と川村は再調査を命じられた。そして、五月二六日に村垣と川村から再調査の風聞書が提出され、その翌日の二七日に将軍と水野が密談している。

御庭番の風聞書が残っていないのでその内容を知ることができないものの、前後の関係から、三方領知替に関わる、とくに庄内藩と領民についての探索情報だったことは疑いない。風聞書が提出されると、将軍は老中と密談を繰り返し、情報に不備があったのか、老中から問いただすような点があったのか、御庭番に再調査、あるいは補充の情報収集が指示されている。その再風聞書が提出されると、また将軍が老中と密談している。このように、将軍と老中が、御庭番の風聞書をもとに議論しているのである。

将軍家慶と御側御用取次新見正路ら側近が、御庭番の風聞書、将軍と老中水野忠邦らとの密談などをもとに、三方領知替問題の処理を評議して結論に達した。新見正路が、老中水野忠邦らに将軍が下した判断を伝える文書を起案し、成文ができあがった。それが、上述の六点を骨子とした文書なのである。

水野忠邦の激烈な反対

天保一二年六月七日に「御趣意書取」を受け取った水野忠邦は激怒し、六月一〇日に将軍に御目見を要求、他の老中とともに御前に出て、将軍の方針に猛然と反論する文書(「建白の書取」「請書《うけしょ》」などと呼ばれる。『荘内藩復領始末』所収)を差し出した。将軍に真っ向から反論する水野忠邦は、ただ者ではないことがよくわかる。

水野の反論は、将軍が示した方針にことごとく反対し、三方領知替の断行を強硬に迫る内容だった。

①庄内藩領民の反対運動や酒井家の嘆願などにより領知替を中止したのでは、庄内藩と長岡藩に不取締りの落ち度があったから領知替を命じた趣旨と矛盾し、筋が通らない。とくに譜代大名は、たとえどのような家柄であろうとも、蝦夷地の果てに所替を命じられても従うものだ。庄内藩酒井家は、「北国藩鎮《はんちん》」を標榜するくせに領民の動揺すら収められず、幕府に所替中止の嘆願を繰り返し、水戸家や田安《たやす》家(三卿《さんきょう》の一つ)へも領民や藩士を嘆願に行かせるなど、譜代大名にあるまじき行動なので厳重に処分すべ

きだ。
②このような理由で領知替を中止したならば、所替はもちろんのこと、幕府が命じるお手伝い（幕府がおこなう治水工事などの経費の一部を大名に負担させること）や江戸城の火の番（大名が交代で任務にあたる）などまで、大名はあれこれ理由を並べ立てて回避しようとするようになり、今後の幕府政治の運営に重大な支障をきたすことになる。
③「世上の童謡」も政治の一助になるが、流言飛語に惑わされてはならないので、庄内藩領の実情をじっくり探索したうえで判断すべきである。
④大名領の重要港湾を海防のために幕領化するという案は、領知替を中止して領地を元に戻すにもかかわらず、二港だけ上知するのは一貫性を欠く。
⑤川越松平家への加増は、養子に行った家斉の子斉省が死去しているので如何《いかが》なものか。

このように、水野忠邦は将軍の提案すべてに反対したのである。将軍の意思、指示に真っ向から反論し、反対する老中がいることは驚きである。水野忠邦は、幕初以来いったん正式に命じた領知替を撤回したことはないので、所替中止はまったく新規の措置であり、幕府がこうむる痛手と予想される今後の幕政運営の困難さから、三方領知替断行を迫った

水野忠邦　東京都立大学図書館所蔵

のである。

将軍家慶は、水野忠邦を説得できなかった。水野が言う、流言飛語に惑わされず庄内藩領を探索しろ、という主張（「流言等御採用はござあるまじく、庄内領中の模様とくと御探索のうえ、仰せ出され候かたと存じ奉り候」）を受け入れざるを得なかった。

御庭番の再派遣

そこで将軍家慶は、再度、御庭番を派遣することにした。早速、六月一〇日に、将軍の命をうけた御側御用取次新見正路は、御庭番の川村新六と村垣与三郎に遠国御用を命じるため、明日呼び出すよう、御休息御庭の者支配倉地久太郎（国長）に指示した。将軍は、水野忠邦が差し出した「建白の書取」を直接水野に返すので、写しを作成するよう新見正路に命じている。

新見は翌六月一一日、城内の笹の間北廊下で川村と村垣に逢い、①遠国御用の用意をする事、②御用先は庄内、③将軍はお急ぎ、と伝え、両人が承知した旨を将軍に申し上げた。

さらに、新見は探索事項（「探索いたし候廉書」）をまとめ、将軍の了承を得た。翌一二日に新見が川村と村垣に逢うと、両人は勘定奉行・西丸広敷用人と相談し、日数五〇日、手当金五〇両（一日分が一両）、出立は一六か一七日と願い出てきた。新見は、小納戸にお手許《てもと》金《きん》から五〇両を用意するよう指示した。一四日に将軍の許可も得て、翌一五日に両人に金子と、両人の求めに応じて、炎暑の季節の御用ということから「備急錠」（漢方薬）を下賜した。

両人は六月一七日に江戸を出立して庄内藩領の実情を探索し、七月六日に江戸に戻ったらしい。七月一八日に、五〇日分の手当金五〇両の残金三〇両を返納しているので、二〇日間で探索を終え、七月六日に江戸に戻ったと推定できる。正式な報告書（「庄内一件風聞書」）は七月一三日に提出されたが、それより早く、その概略は御庭番両名から新見正路に伝えられたのだろう。

領知替中止を厳命

将軍は、事前に水野忠邦以外の老中を説得して三方領知替の中止を納得させたため、水野は老中のなかで孤立させられていた。七月一〇日、将軍は水野忠邦を呼んで逢っている。一一日、新見正路は将軍に呼ばれ、何ごとか領知替について言い含められ、それについて側用人堀親寚《ちかしげ》(信濃飯田藩主)と相談している。おそらく、新見正路ら側衆が、御庭番がもたらした庄内藩領内の実情や、庄内藩領民の訴願運動に関わった御家人佐藤藤佐《とうすけ》、および庄内藩留守居役の関茂太夫らの取調べを検討したうえで、水野忠邦に渡す文書(「御書《かき》下《さ》ケ《げ》の御書取一通」、「親論」)を作成した。新見正路は、その文書を水野忠邦と同じく老中の真田幸貫《ゆきつら》を呼ぶ前に将軍に差し上げた。そして将軍は、御前に呼んだ水野らにその文書(前掲の青木論文などに全文あり)を渡したのである。

将軍は、つぎのような主旨を水野らに伝えた。水野忠邦が差し出した「建白の書取」の主張は、いちおう尤《もっと》もに聞こえるのでじっくりと考えてみたが、やはり最終的に三方領知替の中止を決意した。庄内藩酒井家に、この間の一連の経緯のなかで宜《よろ》しくない点があれば糾明し、処罰すべきだと思う。これは、将軍の最終決定であり厳命である。水野はもはや反論できなかった。

将軍の最終判断により、三方領知替の中止が決定された。水野忠邦は、領知替中止という前代未聞の重大な失態をおかしたので、老中職にとどまることはできないと登城しなくなってしまった。将軍は、水野の不手際というわけではないので登城するようにと説得し、水野は復帰した。将軍家慶も、三方領知替が実父、大御所家斉のわが子かわいさからのものであり、水野忠邦はそれに逆らえなかった事情をわかっていたからである。家慶にしても、家斉がこの年、天保一二年閏一月七日（公表は二三日後の晦日）に死去したから、領知替中止を決意できたという面もある（生きていたら中止できなかっただろう）。

御庭番の情報（「風聞書」）だけで決定したわけではないが、将軍側近の御側御用取次たちが御庭番がもたらした情報を中心に分析し、将軍の意思として三方領知替の中止を決定し、老中の方針を覆した。将軍と側近は、御庭番に情報を収集させ、それらに基づいて情勢分析をおこない、領知替を断行した場合に予測された大騒動を未然に防いだのである。

3 新潟湊上知と御庭番・小人目付情報

新潟湊上知問題

幕府が、三方領知替で庄内酒井家と長岡牧野家を所替する理由は、酒井家は出羽酒田湊、牧野家は越後新潟湊の「不取締り」という落ち度だった。とくに新潟は、天保六年（一八三五）と一一年に唐物抜荷《からものぬけに》（薩摩藩がからむ密売買）が摘発され、私領（幕府領以外）では取締り（支配）が行き届かないと噂されていた（「風説聞繕書」『酒田市史』史料編第五集）。長岡牧野家は、唐物抜荷にみられる新潟湊の取締り不十分が所替の理由とされたのである。

しかし、領知替それ自体が中止になったため、中国とイギリスの戦争であるアヘン戦争の情報が伝えられたのをうけて、海防（海岸防備）を強化するという理由をつけて酒田、新潟湊などを上知する（幕府領にすること）ことが、将軍から提案されていた。

老中たちは、将軍の指示をうけて、酒田湊と新潟湊の措置、および庄内酒井家への処罰について評議していた。一定の結論を得たらしく、天保一二年七月二五日にそれを将軍に上申したところ、老中の評議に任せるとの意向が示された。そして、酒井家への処罰がおこなわれた。庄内藩留守居関茂太夫と郡代石川権兵衛が押込《おしこ》め、藩主酒井忠器《ただかた》は、江戸城に登城したさいに控えている部屋が、溜間《たまりのま》（家門《かもん》大名の一部と彦根井伊家や姫路酒井家などの特別な譜代大名が詰める部屋）から帝鑑間《ていかんのま》（三河以来の有力譜代大名が詰める部屋）に変えられた。つまり、酒井家の大名家としての格式が下げられたのである。

御庭番と小人目付の探索

御庭番の村垣与三郎は、天保一一年九月に新潟湊の唐物抜荷を探索し、「北越秘説」と称される風聞書を提出した（浅倉有子『北方史と近世社会』第三章、『新潟市史』通史編２近世下）。そして再度新潟湊へ派遣され、天保一二年八月四日、風聞書を将軍に提出した（前出「新見正路日記」）。その扱いがどうなったのかよくわからないが、天保一四年六月に新潟湊は上知され、新潟奉行が新設されることになる（なお、初代奉行は御庭番家の川村清兵衛修就《ながたか》）。その政策決定の過程では、御庭番と小人目付（次章で取り上げる）が探索した新潟に関する風聞書が大きな役割を果たした。

老中水野忠邦は、天保一四年正月九日、将軍への伺書（「越後新潟不取締りの趣取調べ候書付」）に「風聞書」、および「追々御下げ相成り候風聞書三冊」を添えて、新潟湊の上知を将軍に伺い出た（前出新見記録「御覧もの留」）。その伺書の冒頭で、将軍から御庭番の風聞書（「越後国新潟湊不取締りの風聞書」）を下げられたので、目付配下の者（小人目付）を現地に派遣して調べさせた、と書いている。小人目付は、前年天保一三年一二月二一日に新潟から戻り、目付の佐々木三蔵一陽《かずあき》から報告書（「風聞書」）が提出された。水野は、伺書の前提としてつぎの二点を指摘する。

①新潟の唐物抜荷はいまもって止まず、たびたび取調べがあるものの、その時だけですぐ取締りが緩んでしまう状態にある。
②佐々木三蔵は以前、北陸に幕府自身による海岸防備態勢がなく手薄だという主旨の上申をしていて、もっともな指摘である。

老中は、この小人目付の報告書と佐々木三蔵の上申書を参照して、政策案を提起した。

①このような事態になった原因は、領主である牧野家の心がけが悪いからで、処罰の意味を込めて新潟湊を上知し、海岸防備と平常の取締りを整備してはどうか。
②ご同意いただけるなら、四月におこなわれる将軍の日光社参《しゃさん》の後に実施したい。
③役高一〇〇〇石の新潟奉行を新設し、海岸防備と取締りを担当させるか。
④酒田湊は、いっときに二湊を上知すると取締りが行き届かないので、今回は新潟湊だけにとどめるべきである。

つまり、新潟湊を上知して幕府の新潟奉行を新設し、海岸防備と取締りを担当させる、という政策案である。この老中の伺いは、将軍と御側御用取次新見正路ら側衆との協議を経て裁可され、政策として実施されることになった。

この新潟湊の上知は、御庭番の情報（「風聞書」）を将軍から下げられた老中が、目付に調査を命じ、目付は配下の小人目付に現地新潟湊に関わる情報の収集を指示。目付は小人目付の調査報告書をふまえて、自ら立案した政策である新潟湊上知策を上申。それをうけて老中は評議し、新潟湊上知を政策案として決めて将軍に伺い、その裁可を経て実施した、という経緯をたどった。このように、御庭番と小人目付による隠密な情報収集が、新潟湊上知に大きな役割を果たしている。

次章では、小人目付に代表される目付系の情報収集を取り上げたい。

第二章

大名と幕臣を監察する将軍の「目」

——小人目付の情報収集と幕政

1 徒目付・小人目付とは

目付の職掌

江戸幕府が情報を収集するもっとも基幹的な組織を図式化しておく。

【老中・若年寄⇕目付⇕徒目付⇕小人目付】

このラインで、老中・若年寄の指示をうけて情報の収集と分析にあたった役人は、目付である。

目付は、若年寄の支配に属して役料は一〇〇〇石、定員は本丸（将軍居所）が一〇人、西丸（将軍隠居所・世子居所）が六人である。江戸城内の諸儀礼が前例通りにおこなわれているか、諸役人と諸役所が法や先例に従って職務を遂行しているか、幕臣に逸脱した行動がないかなどを、将軍の「目」となって監察した。将軍の目となることから、正式役名は「御目付」である。

具体的な職務は、「日常は殿中礼法の指揮、将軍参詣・御成《おなり》の供奉列《ぐぶれつ》の監督、評定所出座、消防の監視、幕府諸施設の巡察、諸普請の出来栄見分《できばえけんぶん》など」を分掌し、このほか、「万石以下急養子の判元《はんもと》見届、法令伝達、諸局から提出される願書・伺書・建議書などの評議」、さらに「勝手《かって》掛・日記掛・町方掛」などを兼務した（『国史大事典』13「目付」）と説明されている。それ以外に、旗本・御家人の行状、幕府諸役人の登用・昇進のさいの風聞探索（身元調査）、および幕府諸職が同心を抱え入れるさいに提出する願書の調査などが、日常的な情報収集に関わる役務である（荒木裕行『近世中後期の藩と幕府』）。

職掌は幅広く、江戸城内の目付部屋で執務、本番・加番《かばん》の二名が非常時に備え城内で宿直し、定まった休日なしという繁忙を極める職務だった。また、目付は幕府役人中の能吏といわれる。

徒目付・小人目付

目付配下の徒目付の定員は、徒目付組頭《くみがしら》三人、本丸五一人と西丸二四人、小人目付は五〇人である。文化三年（一八〇六）の大名と幕府役人の名鑑である『武鑑《ぶかん》』によると、徒目付は、徒目付頭二名のほか五六名いて、小人目付は、御小人頭二名のほか九九名いる。享和《きょうわ》元年（一八〇一）の『武鑑』によると、その他に西丸徒目付が一四名、西丸小人目付が三四名いる。本丸と西丸を合わせると、徒目付と小人目付の人数はおそらく二〇〇名をこえる、規模の大きな組織である。彼らは、目付の指示により職務を分担し、その一部が、情報収集と前例の調査点検や取締り、見回りなどにあたった。

幕末に目付を務めた山口直毅《なおき》（万延《まんえん》元年〈一八六〇〉一二月〜文久三年〈一八六三〉三月。のち、大目付、町奉行、神奈川奉行、外国奉行などを歴任）が、目付の職務について質問に答えている（『旧事諮問録』）。

問　目付の下に使わるる御小人目付とか、手先に使わるる御徒士《おかち》目付などが、実際御目付の事をしているので、勢力を持っていたのですか。

答　さようです。調べ物などは、みなその辺の者がいたしたのです。

問　それで、御目付が検印するのは、御自分で審査の上で捺印するのでなく、御徒士目付などが調べて来たものへ、盲目判を押すというようなわけでしたか。

答　定例のものにはまずさようでしたが、心ある人は、徒士目付などが調べて来たものを可否いたします。これは誰が調べた、といって聞きます。これは誰某が調べたのだというと、その者を呼んで、もう一遍調べ直してみろというようなこともあります。そうすると、再調査をなして来なければなりませぬ。しかし、きまった事は、そんなことをしていては暇がとれますから、めったに遣《や》りませぬが、むつかしい評議物になると、自身添削いたします。

目付が幅広い職務をこなせたのは、その職務の実務を担っていた配下の徒目付、小人目付がいたからだったことがわかる。徒目付も小人目付も御目見以下の格式、いわゆる御家人だが、徒目付は御目見以下第一の役儀といわれ、役高は一〇〇俵五人扶持《ぶち》、小人目付の役高は一五俵一人扶持だった。小人目付は、その役高をみると、幕臣のなかでも最下級の存在で、徒目付の指揮のもと、各種の用務にあたっていた。

小人目付の情報収集

情報収集・探索には、小人目付が重要な役割を果たした。情報収集活動には、二種類あった。一つは、①幕府が打ち出した政策の効果や世上の反応、②旗本・御家人の行状、③幕府諸役人の登用・昇進のさいの身元調査、および幕府諸職が同心《どうしん》を抱え入れるさいに提出する願書の調査、つまり幕臣の身元調査である。

さきほどの山口直毅が、この身元調査について、質問に答えてつぎのようにわかりやすく語っている（同前）。

答　小十人頭、御徒士頭などは一人欠けますと一人できるのです。その時は、やはり若年寄が目付古役を呼んで、今度御徒士頭が空いたが、何の誰の平生の行状、ならびに家事の様子を探索して見ろということを言い付けられます。そうすると、目付の支配中にいる探索方に目付が、それを言い付けるのです。

問　それは何者ですか、探索方というのは。

答　それは御小人目付です。御小人目付の中を撰みて、御用があるから来いと言って遣ると来ますから、自邸へ呼んで言い付けます。御用多の時は、御城の御座敷にて逢いまして、誰々の事を探索して来いと申すと、平生心得ておりますから、早速その者の行状を取り調べて書面にして出します。その探索書を持って若年寄へ渡します。

いま一つの情報収集活動は、遠国御用である。山口直毅が、これについても質問に答えて語っている（同前）。

問　諸藩の支配下へ姿を変えて、入り込んだりする隠し目付は何ですか。
答　御小人目付です。八百屋に化けたり、姿を変えて這入るのは御小人目付です。あれは、目付が言い付けるのです。
問　隠密という方は。
答　御小人目付です。

御庭番と同じように、たとえば八百屋のような姿に、つまり変装して情報収集にあたったようである。

2 政策の影響に関する情報収集

米価の引上げ策

幕府は、一七二〇年代前半から米価の下落に悩まされ続けた。大規模な新田開発による耕地の飛躍的増加と生産性の向上により米の生産量が増え、需要と供給のバランスが崩れたためである。幕府は、それまで抑制的だった酒造を奨励する方針に転換し、幕府自らの資金や大坂を中心とする豪商に出させた御用金を使って米を買い上げ、市場の流通量を減らす買米《かいまい》政策を繰り返した。

幕府は文化三年（一八〇六）八月、幕府領の村々に、「御国恩」のありがたさを知る富裕者は、可能な限り米籾《もみ》を買ってたくわえ、その置き場に困る者は代わりにお金を差し出すように、という触書を出した（『日本財政経済史料』一、五一〇頁）。御用金ではなく、自主的な上金《あげきん》（献納金）を促したのである（竹内誠「文化年間幕府「御用金」の実態と背景」『史潮』七七）。

大坂では文化三年一一月一六日と一八日、市中のおもだった商人八〇軒が大坂西町奉行所に呼び出されて、買米の実施を通達され、おのおの買持高（買い入れて売らずに持ち続ける米の量）を申告するよう指示された（高槻泰郎『近世米市場の形成と展開』、『大坂両替店「聞書」』1）。豪商らに買米を命じ、市場の米流通量を減らすことにより米価を上昇させようとした政策である。

江戸では文化三年一〇月一四日に、米問屋と浅草札差《ふださし》（幕臣の俸禄米の換金と融資をする商人）五六軒、および市中の各町に買米を命じ、買持高を書き出すよう指示した。しかし、豪商や各町は幕府が期待した額にほど遠い数字しか申告しなかったため、一一月一日に再度、買持高の増額を督励した。幕府は、総額三〇万両を集めようとしている、と推定された（『大坂両替店「聞書」』1）。

市中の金融状況の調査

若年寄堀田正敦《まさあつ》は文化三年一二月九日、江戸の富商と各町に買持米を命じた政策が与えた江戸市中の金融状況への影響について、情報の収集を目付の遠山景晋《かげみち》（刺青をした名奉行と噂された遠山金四郎景元《かげもと》の父親）と松平康英《やすひで》両名に別々に命じた。両名は、おのおの徒目付二人にそれを指示した（「米穀下直《げじき》につき富商ども上《あ》げ金仰せ出され候につき、世上金銀融通《ゆうずう》善悪の風聞の事、摂津守《せっつのかみ》殿（若年寄堀田正敦）仰せ聞けられ、文蔵・才介え申し渡す、同様伊織《いおり》（目付松平康英）よりは（野中）新三郎・（原田）寛蔵へ申し渡し候」（遠山景晋『文化日記』）。一時的に富商から金を幕府に吸い上げると、市中の金融状況が悪化する恐れがあるため、米価引上げ政策が金融状況へ与えた影響の有無について情報を集めようとしたのである。

遠山景晋は一二月二九日、徒目付の古山文蔵と加藤才介が提出した「米穀金銀通用の風聞書」を若年寄堀田正敦へ差し出した（同前）。情報収集の流れは、【若年寄⇕目付⇕徒目付】であり、【徒目付⇕小人目付】についてはわからないが、おそらく実際に情報を集めたのは小人目付だったと思われる。

このように、打ち出した経済政策が及ぼす社会への影響を調べる情報収集に、徒目付・小人目付が従事していたのである。

3 幕臣の素行・身辺調査

御小人の身辺調査

江戸幕府、将軍を支える基盤は家臣団、すなわち幕臣（旗本・御家人）である。幕臣は、幕府役人の供給源であるとともに将軍直属の軍事力であり、幕府を政治と軍事の両面で支える存在である。この幕臣団の維持と強化は、幕府と将軍の浮沈を左右する重要性を持っていた。そのため、幕臣の生活や士風の維持は、幕政上の重要な課題だった。

その幕臣の素行、および番入り《ばんいり》（非役の小普請《こぶしん》や幕臣の部屋住みから諸職に採用されること）や昇進前の身辺調査、いま風にいえば「身体検査」は、目付配下の徒目付と小人目付の役割だった。目付の配下で小人（小者《こもの》とも呼ばれ、雑役に従事する御小人、定員は四五〇人）を管轄する御小人頭《おこびとがしら》二名がいる。

文化三年（一八〇六）一二月一一日に、御小人頭配下の小人・御使の者を何らかの職に登用するため、頭《かしら》に推薦する者の名前を書き出させ、目付たちが被推薦者を一人ずつ面接した。年齢、勤続年数、係りの在職年数、父の名と役職、当人の芸術（学問と武芸）などを質問している。目付の遠山景晋は、面接した者のうち五人について、身辺調査である風聞調査を徒目付と相談した。遠山は、小人目付の誰に命じれば支障がないのかわからないので、徒目付に人選を命じたという。一二月二七日に小人目付が風聞書を提出したので、それに基づいて一、二名の名前を御小人頭に伝え、御小人頭から推薦する者の名を出させ、結局、久下栄蔵という小人に決定した（同前）。

身辺調査の事例

このような事例は数多い。目付の遠山景晋が文化四、五年に関わった、幕臣の身辺調査を紹介しよう（同前）。

①文化四年三月五日、小人目付の金指徳次郎と石崎佐七郎を呼び、村上三十郎について

風聞調査を命じている。

②文化四年五月一五日には、奥右筆《おくゆうひつ》組頭の近藤吉左衛門孟郷《たかあきら》に関する風聞書を、若年寄の堀田正敦に提出している。近藤がこの年一一月に留守居番に昇進しているので、そのための身辺調査だろう。

③文化五年一月二一日、若年寄小笠原貞温《さだあつ》から大番《おおばん》一番組の頭、永井大和守直諒《なおのぶ》について風聞調査を指示され、徒目付の杉崎惣兵衛と高倉助右衛門に調査を命じた。そして、二月二〇日、徒目付両人作成の風聞書を若年寄小笠原に提出している。

④文化五年三月二三日、若年寄井伊直朗《なおあきら》から、寄合松平勘介の風聞調査を指示され、徒目付の小野伝左衛門と小人目付の小室源四郎に命じ、四月七日に風聞書を若年寄井伊に提出している。

⑤文化五年一一月二三日、若年寄堀田正敦から、御番医師の風聞の再調査を、同僚目付の佐野宇右衛門庸貞《つねさだ》とともに指示され、同月二六日、御番医師の福井立介、池原雲琢、喜多村安正に対する風聞調査を、徒目付の長谷川藤三郎ともう一人に命じた。

このように、若年寄の指示をうけて、【若年寄⇕目付⇕御徒目付⇕小人目付】のラインで幕臣の身辺調査をおこなっていた。

4 幕臣の身辺調査の具体例

幕臣たちの風紀、士風の乱れ、および家内の混乱は、幕府がたえず頭を悩ました問題だった。それが噂にのぼった幕臣に対して、その身辺や実情についての情報収集が、さかんにおこなわれた。そこには、なまなましい幕臣の実態の一端が報告されている。その一部を紹介してみよう（以下は、「松平乗全《のりやす》関係文書」東京大学史料編纂所所蔵による）。

①嘉永四年七月旗本野一色頼母家の内紛・混乱情報

吉原通い、家庭内暴力、馬道楽――なまなましい風聞書

目付の戸川中務少輔安鎮は、嘉永《かえい》四年（一八五一）七月一三日、小普請《こぶしん》組水野式部忠勧支配の野一色頼母《のいっしきたのも》、五一、二歳に関して、徒目付の鶴間鐶助と小人目付の高橋量次郎がおこなった身辺調査の結果である風聞書を提出した。

野一色家は、書院番や小姓組番を務める番方系の家で、近江蒲生《がもう》郡内で二〇〇〇石、上野邑楽《おうら》郡内で五〇〇石、合わせて二五〇〇石を知行する大身の旗本家である。頼母の祖父義恭《よしやす》は、小姓組番士から使番《つかいばん》、目付、山田奉行、普請奉行、持弓頭《もちゆみがしら》と累進した。父義儔《よしかず》は、禁裏付《きんりづき》から天保四年（一八三三）に新番《しんばん》の頭になっている。二代にわたり、知行高に相応しい役職に就任している。

問題の頼母は、父存命中に部屋住み（家督継承以前の嫡子など）ながら、書院番か小姓組番（これを両番《りょうばん》という）の番士に召し出され、順調に出世していきそうだった。しかし、不行跡のため一四、五年以前に罷免され、非役の小普請入りしてしまった。その本人の不行跡の数々と野一色家の混乱ぶりが細かに調べられ、つぎのように報告されている。

頼母は、受け答えはよいのだが、わがまま気ままのやりたい放題で、興奮しやすく怒りやすく、時に狂気のような行動をする癇癪《かんしゃく》持ちの人物という。吉原にしばしば出入りし、番士の時に同僚と激しく口論、家では妻や使用人を手荒に扱い、吉原の年季明けの遊女を連れだした件で大もめになり、それが上司の耳に入り小普請入りになったらしい。

その後も頼母の不行跡は止まず、吉原の者と懇意になって入り浸り、一〇年前に自火により屋敷が焼けても再建できず、仮普請でしかも大破したぼろ家で暮らす有り様という。知行所や金融業者からの借金が嵩《かさ》み、拝領の兜《かぶと》まで人手に渡し、奉公人を減らして弟を用人《ようにん》代わりにしても、近所の米屋が五、六升の米すら即金でなくては売らないほど困窮した。四、五年前に用人が知行所と相談し、知行所からの借金を整理して家計は好転はしたが、また吉原通いが始まり、それは最近は止めているが、家では妻子と奉公人への暴力が絶えない。弟が四人いて、一人は宇治御茶師上林《かんばやし》家へ養子、一人は出奔、一人は他家へ養子、用人代わりにしていた末弟は、縁者の西丸御小姓前田対馬守家に奉公させている。

頼母は、生母や弟、奉公人には冷たいが、自分の楽しみには出費を厭わず、庭を造り、高価な鳥をたくさん飼い、妾の母や弟を同居させるなどして散財している。実弟たちは頼母の不行跡を外で言い触らし、親類とも絶縁状態にあり、親類が意見しても聞き入れない。頼母は武芸は相応にでき、とくに馬にはこだわりが強く、極貧におちいっても馬だけは飼っていて、一時は馬の売買に関わり、馬喰《ばくろう》のような仕事をしていたほどだが、大身旗本であり鷹揚《おうよう》なところがあるため利益にはならず、馬に多分の金を遣っている。

一昨年、持筒頭《もちづつがしら》の中根壱岐守正模の次男外記《げき》を養子に迎えたが、仮普請のぼろ家に婿養子を迎えるわけにはいかないと、屋敷替えをした。家来は用人二人、侍二人、仲間四、五人しかおらず、知行二五〇〇石にしては少ないものの馬は飼っている。

婿養子の外記、二四、五歳との関係はよくない。その理由は、養子縁談のさい、頼母の弟と用人たちが、外記の実父と相談し、養子縁組が実現したら、親類たちから頼母に隠居し家督を外記に譲ることを出願させるつもりだと伝え、それで養子持参金を多額にすることを密約したという。さらに、家督相続が実現したら、頼母の弟と用人たちのお手当も増額するとまで内約していた。これを密かに知った頼母は、用人をクビにし、養子の外記を憎んで暴力的になり、とうとう外記は夜逃げして実家に戻ってしまった。

頼母は、外記を離縁する意向を上司の小普請支配水野に伝えたが、外記の実父は、家督継承がのびのびになっただけではなく、離縁とは心外と、小普請支配の水野と頼母の親類へ申し入れた。その結果であろうか、頼母は上司の水野から謹慎を申し渡された。庭の手入れや鳥をたくさん飼うなど、自分の楽しみに金を使いながら、家臣らへの手当を惜しんでいたことが謹慎の理由らしいが、そんな理由ならもっと以前に謹慎を申し渡すべきだったという意見もある。

頼母の上司水野は、外記の実父中根からの内々の依頼に応じて謹慎させ、謹慎中を理由に頼母が養子離縁の出願をできないようにしたのが真相らしい。中根は気性の荒い人物で、また、養子縁組は中根の欲得ずくからなされたことだという噂もある。外記も良い人物ではないらしく、不行跡の噂はないが温順な人柄ではない。そういう養子と癇性《かんしょう》で狂気同然の頼母の父子の間では口論が絶えず、野一色家はひどく混乱している。

頼母の普段の不行跡は言うまでもないが、養子縁組に当たっての密約を知った頼母が不愉快になり、養子を離縁しようとしたのは一理あるという噂もある。どちらにしても野一色家は混乱の極みにある。

以上が徒目付鶴間と小人目付高橋の身辺調査の結果であり、目付戸川が提出した風聞書の内容である。ここに登場するのは、なんとも情けない大身旗本たちであり、家内が大混乱した旗本家の内実である。

②嘉永六年信濃衆知久家の内紛・混乱情報

江戸で詳細に調べ、かつ現地調査を提言

目付の戸川安鎮は、嘉永六年（一八五三）四月、徒目付の鶴間鐶助、河津三郎太郎、手嶋重四郎が収集した、信濃衆知久《ちく》家の内紛・混乱に関する情報を提出した。

中世以来、信濃国伊那郡に本拠地を持つ土豪のうち、徳川家康が旗本に取り立てた知久、小笠原、座光寺《ざこうじ》、遠山、宮崎、市岡家らを伊奈衆《いな》と呼んだ。そのうち知久、小笠原、座光寺の三家は、旧家として交代寄合（三〇〇〇石以上の大身旗本で、老中の支配をうけ、大名に準じて知行所に居住し、隔年に参勤交代）となり、信濃衆と呼ばれ、知行地に陣屋を置いて居住し参勤交代をした。知久家は、知行三〇〇〇石（うち三〇〇石は分知した）、阿島《あじま》（現・長野県下伊那郡喬木村《たかぎ》）に陣屋を置いて在住し、江戸にも屋敷（四谷信濃殿丁）を拝領していた。在所では、伊那郡内の浪合、帯川、心川、小野川の四か所の関所を預けられ警固していた。

知久家の内紛は御家騒動で、前当主の知久左衛門五郎頼衍（千馬佐）と現当主の婿養子

頼匡（静衛介。常陸府中藩主松平頼説《よりひさ》の六男）が不和により対立し、家来も千馬佐派と静衛介派の二派に分かれて対立した。以下、内紛の様子をつぎのように報告している。

静衛介は、性格が粗暴で短気のため人望がなく、家来と領民が従わない。千馬佐は性格が温和で家来、領民に人望がある。養子静衛介と養父千馬佐は不仲で、絶交状態にある。静衛介は、人望はないが当主であり権威があるため、これに取り入ろうとする家来もいる。支持は、千馬佐七分、静衛介三分ほどで、家来と兄弟たちも二派に分かれて対立している状態という。当主静衛介は、家老遠山三左衛門と用人原野蔵六を重用し、家政を任せていた。

静衛介が参勤交代で江戸に行っている間に、千馬佐は静衛介の実家で兄の常陸府中藩（水戸徳川家の分家。現・茨城県石岡市）二万石の松平頼縄《よりつぐ》と相談し、家老遠山と用人原野を罷免し、千馬佐派の松永清守、知久治郎左衛門らを任命した。静衛介はそれが気に入らずもめたが、松平頼縄から送り込まれた者がとりなして、なんとか収まっていた。しかし、千馬佐が死去すると、静衛介の指示に従わない家老松永に蟄居《ちっきょ》と出家を命じ、用人知久らの千馬佐派の者六名を家から追い出した。

この件は、実家の兄、松平頼縄と相談済みのことなので、迷惑はかけないからと説得して、信濃衆の座光寺家と小笠原家の家来にこの処罰申渡しの立会を要請し、松平頼縄の家来もこれに立ち会った。そして、千馬佐の指示で隠居させられた原野蔵六を家老にし、原野に同調する者たちを用人にした。

原野蔵六は領民から怨みを買っていたのに対して、追い出された千馬佐派の者たちは領民から慕われていたことから、領民三、四〇〇人が徒党を組んで、六人を処罰した理由の説明を求めて静衛介の陣屋門前におしかけ大騒ぎになった（これを門訴《もんそ》という）。

信濃衆両家は、取り鎮めのため多数の家来を出して説得し、いったん沈静化させた。しかし領民は納得していないので、今後どのような騒動がおこるかわからないと判断し、小笠原家から静衛介の実兄松平頼縄へこの事態を届けた。

松平頼縄の方では、静衛介から相談をうけたことはないと当惑した。しかし、これまで松平家から知久家へ家来を送り込んで支援してきたにもかかわらず、このような事態になってしまったので、幕府へ届けて指示を仰ぐか、本家の水戸藩に相談しその下知を仰ぐか、などの評議をした。結局、松平家の家来を新たに派遣して事態の打開に取り組ませ、それでだめなら幕府に届けることにした。松平家は、家老と用人二人を知久家へ派遣した。

松平家では以前から、静衛介を隠居させて知久家と領内の沈静化を図ろうとし、信濃衆両家とごく内密に相談をしていた。信濃衆両家は、静衛介の我がままからおこったこととはいえ、家来や領民の振るまいも穏当とはいえないし、当主が隠居という形で身を退くと、当主は権威を失い、いよいよ家来と領民がのさばり勝手なことをするようになると主張したという。松平家はなお思案していたところに、さきほどの領民の騒動になったという。

原野蔵六はずるがしこい人物との評判があり、追い出された六人の者と江戸屋敷の留守居も、私欲に走り知久家のためにならない人物との噂もある。原野も六人の者も党派を組んで互いに中傷しあったため、事態はもつれにもつれ、知久家の混乱ぶりがひどくなったと、江戸で評判になっている。

松平家から派遣された家老は、名前だけの家老役で思慮分別のない人物で、用人は公平ではなく欲深い人物だが、松平家では重用され、藩の重職にはこの用人の仲間が多いという。今回の知久家のことでも、何かはかりごとをするのではないかと思われる。なにぶん知久家は江戸から遠いので、現地で探索しなければ真偽のほどはよくわからない。

目付戸川が提出した文書は、現地で探索しなければ真偽のほどはよくわからない、と結んでいる。知久家内部が二派に分かれて対立抗争し、この派閥抗争に領民の不満が絡み合って収拾不能の事態におちいったようである。信濃衆知久家の内紛が江戸で噂になって、老中や若年寄の知るところとなり、内情探索を目付に指示したのだろう。徒目付・小人目付たちが、江戸で知り得る情報をひそかに収集したのがこの報告書である。まことに、詳細に調べ上げるものだと感心させられる。それでも、真相をとらえるには、現地の信濃に行って情報収集する必要があると提言している。

野一色家、知久家ともに家政の極度に混乱した実情が探索されている。幕府の幕臣対策は、このような実態の把握から始まるのである。

第三章

「探検家」の真の任務とは？

――勘定所普請役の情報収集

1 普請役の隠密探索

普請役とは

勘定所にも全国から情報は集まっていた。江戸幕府の財政基盤は、約四〇〇〇万石をこえる幕府領からの年貢である。勘定所は、北は陸奥・出羽から南は九州豊後（現・大分県）まで、全国に散在する幕府領に代官所を設置していた。そして、幕府領の年貢徴収と領民の訴訟を担当する配下の代官を派遣し支配していた。全国の代官所に赴任した幕府代官は、その地の情報を、定期的に御用状により江戸の勘定所に報告していた。これは、代官を通した情報の収集といえる。

勘定所のなかで隠密な情報収集にあたった役人は、御普請役《ごふしんやく》（御を付けるのが正式だが、以降は普請役と表記する）だった。普請とは、本来、建築・土木工事のことを指す語である。一七世紀末の元禄頃から、大河川流域で洪水が頻発するようになり、幕政上の大きな問題となってきた。幕府は、八代将軍徳川吉宗が主導した享保の改革のなかで、享保九年（一七二四）、それまでの堤方《つつみかた》役を廃止して、勘定所に普請役を新設した。勘定所の普請役は、江戸時代の初期からあったわけではなく、江戸時代中期に新設された職だった。

俸禄は、五〇俵四人扶持から三〇俵一人扶持くらいまでだった。家格は、御目見のできないいわゆる御家人で、しかも譜代ではなく「抱入《かかえいれ》」という一代限りである。ただし、子などが新たに跡を継いでゆく形で持続した。

その職務は、大河川の治水工事、幕府が管理する街道と橋の工事の施行や監督だった。徳川吉宗が紀州藩主から徳川将軍になった経緯から、普請役には紀州流といわれる土木技術者が登用された。地域としては、武蔵、相模、下総、上総、安房、常陸、上野、下野のいわゆる関八州の大河川、および東海道の五川（大井川など）の治水工事と道橋工事を担当した。定員には変遷があり、新設時は普請役一四人、さらに普請役下役、普請役倅《せがれ》見習などが置かれ、天保八年（一八三七）には総員で一三六人という（『日本財政経済史料』四）。普請役はあちこちの治水と道橋の工事を担当したので、各地に調査や監督に赴いていたが、それだけでは隠密な情報収集につながらない。

普請役と隠密探索

実は、勘定所には目付配下の小人目付が派遣（当時の用語で出役《でやく》という）されていた。小人目付は、すでに説明したように、そのなかには隠密な情報探索を専門とする役人がいた。宝暦《ほうれき》一〇年（一七六〇）八月、それまで小人目付が半年交代で勘定所へ出役していたのを改め、小人目付一〇人が、交代することなく勘定所に詰めることになった。しかも、職務上は勘定奉行の指示をうけて働き、隠密御用については職制上の上司である目付にも伝えないことになった（同前）。なお、目付が、勘定所に出役している小人目付を交代させるには、若年寄に伺い出ておこなわれている。

つまり小人目付は、職制上は目付の配下だが、職務上は勘定奉行の配下になったのである。勘定所、勘定奉行は、小人目付一〇人を職務上の部下とすることにより、経済政策上で必要な情報の収集を隠密に、しかも独自におこなうことができるようになった。そして、ある時期から普請役の一部も、情報探索の役割を担うことになったのだろう。

普請役は当初、治水・道橋工事の担当者、技術者として設けられたが、後には最上徳内《もがみとくない》（一七五五〜一八三六）や間宮林蔵《まみやりんぞう》（一七七五〜一八四四）などのように、民間から普請役に登用され、蝦夷地《えぞち》（現・北海道）の調査などきわめて困難な、探検というべき役務に従事する者も出てくる。また、荒廃した農村の再興に尽力した二宮尊徳《そんとく》（一七八七〜一八五六）、漂流していたところを救助されてアメリカにわたり、嘉永四年（一八五一）に帰国したジヨン（中浜）万次郎（一八二七～九八）などもいる。

普請役は、民間で特殊な分野に優れた知識や経験を持つ者を、幕臣に登用する回路の一つとして機能していた。

蝦夷地調査と普請役

普請役の活動で特筆すべきは、蝦夷地から千島列島、カラフトなどの北方地域の調査と情報収集である。幕府は、老中田沼意次《おきつぐ》の権勢が絶頂期だった天明《てんめい》五年（一七八五）、蝦夷地へ調査団を派遣した。その背景には、大国ロシアが蝦夷地のすぐそばまで進出し、このまま放置すれば蝦夷地を奪われかねないという、工藤平助《くどうへいすけ》『赤蝦夷風説考《あかえぞふうせつこう》』（正確には、『加模西葛杜加国風説考《かむさすかこく》』）が指摘した危機感がある（岩﨑奈緒子『近世後期の世界認識と鎖国』）。

仙台藩の江戸詰め医師の工藤平助は、世界の強大国ロシアが、蝦夷地で国境を接する隣国になっていることを明らかにし、ロシアの進出に対処するため、蝦夷地を開発し産出した金銀でロシアと貿易をし、富を獲得するという政策を提言した。田沼意次は、この工藤平助の提言に共鳴し、その政策化を腹心の勘定奉行松本秀持《ひでもち》に命じ、松本がそのための調査団派遣を上申し実現したのである。

蝦夷地調査団の任務は、蝦夷地を中心とした北方地域に関する各種情報の収集で、①ロシアと国境を接する場所の実情調査、②蝦夷地の産物と金銀山の調査、③噂されるロシアとの密貿易の実態、④カラフト、クナシリ、エトロフ、ウルップ島などへ渡り現地を調査すること、だった。調査団のメンバーは、普請役の山口鉄五郎、庵原弥六、佐藤玄六郎、皆川沖右衛門の四名、普請役見習の青島俊蔵、普請役下役（二〇俵二人扶持から六、七両二人扶持程度）の里見平蔵、引佐新兵衛、大塚小市郎、大石逸平、鈴木清七の五名で構成され、総計一〇名である。

調査とはいうものの、幕府役人が、また、おそらく松前藩士も足を踏み入れたことのない北方の島々までもが対象だったので、探検と言った方がふさわしい。このような調査は、治水工事、道橋工事の調査や監督とは性格が違う。このかなり危険の伴う探検的な調査、情報収集が、普請役に命じられたのである。

最上徳内の活躍

この調査に、普請役見習青島俊蔵の従者、棹取《さおとり》（測量用の棹を持つ者）として、北方・蝦夷地探検家といわれる最上徳内が参加した。徳内は、出羽国村山郡楯岡《たておか》村（現・山形県村山市）の農民の出身で、江戸に出て経世家《けいせいか》（政治経済論者）の本多利明《ほんだとしあき》（一七四三〜一八二〇）に天文、測量を学んだ。最上徳内は、この蝦夷地調査の時、普請役下役の大石逸平とともにクナシリ（国後）島北端まで到達した。普請役の最下級である大石と普請役見習の従者にすぎない徳内が、生命の危険を冒して幕府役人未踏のクナシリ島まで渡海し、現地を調査してロシアの動向についての情報収集をおこなったのである。

最上徳内　福岡県立図書館デジタルライブラリ シーボルト『NIPPON』から

調査隊の本隊は松前で越冬したが、その間に最上徳内は単身で松前を出て、クナシリ島からさらに激浪を越えてエトロフ（択捉）島にまで渡った。そこで、エトロフ島のつぎの島であるウルップ（得撫）島からやってきていたロシア人と対面し、アイヌを交えて宴会を開いている。徳内は、そのロシア人二名を伴ってクナシリ島まで戻り、そこまでやってきていた普請役の山口と同見習の青島の両名に引き合わせた。

徳内は、クナシリ島からふたたびエトロフ島、さらにウルップ島にまで渡った。ウルップ島にはロシア人が殖民し居住していると伝えられていたが、その跡だけで現在はいないことを確認した（島谷良吉『最上徳内』）。このように、幕臣ではない最上徳内が、クナシリ島、エトロフ島からさらにウルップ島まで到達し、ロシア人と出会うなどしてロシアの進出情報を現地で得るという、きわめて大きな成果をあげたのである。可能ならばという条件付きだったが、普請役の調査団が、老中から課されていた北方の島々の調査、情報収集という任務を最上徳内が果たし、調査団の成果になったのである。

普請役の調査報告と政策転換

普請役による蝦夷地調査の報告書は、普請役の佐藤玄六郎から天明六年（一七八六）二月に幕府に届けられた。これは、幕府役人による史上初の蝦夷地の現地調査報告書だった（「蝦夷地一件」）。その内容は、①蝦夷地にそれほどの金銀鉱山はない、②ロシアとの密貿易の風聞も、日本人とロシア人との直接取引はない、③ロシア側に希望があるらしいので、貿易を始めることは可能だが、ロシアとの取引品は長崎でのオランダとの貿易品と変わらない、というものだった。この結果、蝦夷地の金銀でロシアと貿易をおこない富を日本に取り込む、という当初のバラ色の構想は実現の可能性が薄いと判明した。聞くとみるとは大違いに類することで、現地に行って情報探索をして初めてわかったのである。普請役の探査報告により、幕府は、政策の軌道修正が必要になった。

調査報告書は、鉱山開発とロシア貿易に代わるつぎのような政策提案をしている。

蝦夷地本島、カラフト島、クナシリ島、エトロフ島は広大で、しかも農業に適している土地である。いままで農業がおこなわれていないのは、松前藩がアイヌに農耕を禁じているからで、アイヌ自身は農業をやりたがっている。

つまり、蝦夷地から北方地域は、農業生産が可能という判断が現地調査により示されたのである。そこで幕府は、蝦夷地の金銀鉱山開発から新田開発へと方針転換していく。

ついで調査報告書は、開発計画とその成果、および波及効果をつぎのように提示している。

蝦夷地本島の一〇分の一、約一一六万町歩が開発できる面積で、収穫量は内地の半分と低めに見積もって約五八二万石。新田開発が進めば商人も集まって蝦夷地の人口も増え、陸奥や出羽国と同レベルの国になる。それが実現すれば、日本の威光により、山丹《さんたん》（現在のアムール川下流域のロシア領）、満州（中国東北部）、さらにはロシア本国までが日本に服属するようになるだろう。これを八、九年のうちに実現させる。

新田開発計画が実現すると、当時の日本全体の農業生産高を米換算で三〇〇〇万石として、一挙に約二〇パーセントも増加させることになる。近代以降の営々たる努力により北海道の農業が発展したことを想うと、江戸時代の技術力でこのような新田開発と農業生産が可能とはとても考えられない。気宇壮大ではあるが、荒唐無稽とまでは言わないものの、かなり山師的な提言である。しかし、現地をみた者の提言の強みがある。

田沼意次を中心とする幕府は、この報告書を検討した勘定奉行松本秀持の意見に基づいて、松前にとどまっている普請役の調査団に、二回目の蝦夷地調査を命じた。しかし、天明六年八月に田沼意次が辞職し、ついで将軍徳川家治《いえはる》が死去するという政治状況の変化が生まれ、とうとう蝦夷地調査は中止に追い込まれた。天明七年六月に老中になった松平定信は、寛政の改革を断行し、田沼意次の時代の諸政策を見直し、政策の撤回や中止が相次いだ。その結果、蝦夷地調査はそのまま中止になってしまった。

クナシリ・メナシアイヌの蜂起と情報探索

ところが、寛政元年（一七八九）五月にクナシリ島とその対岸のメナシ（目梨）地方のアイヌ約一三〇名が蜂起し、場所請負商人（松前藩からアイヌとの交易を請負い、運上金を上納した商人）の現地支配人や番人、出稼ぎ漁夫ら七一名を殺害する事件がおこった。場所請負商人によるアイヌの酷使・虐待、不正行為が原因とされる。松前藩は鎮圧隊を派遣し、アイヌ三七名を処刑した。アイヌの大規模な蜂起事件は、江戸時代では二回目（一回目は一六六九年の「シャクシャインの戦い」）だった。

クナシリ・メナシアイヌの蜂起の背後で、ロシアが糸を引いていると噂された。この事件により、ロシアの脅威がふたたびクローズアップされ、強い危機感を抱いた松平定信は、事件の真相を知るべく普請役に調査と情報収集を命じた。

間者として隠密探索

調査には、天明五年の蝦夷地調査団の一員だった普請役青島俊蔵と、その随員に小人目付の笠原五太夫が指名された。普請役と小人目付を組み合せ、調査、情報収集にあたらせたのである。青島は、調査と分析能力を評価されたらしい。幕臣による調査とはいうものの、青島俊蔵らは俵《たわら》物《もの》商人の名目であり、基本的には「間者《かんじゃ》」（間諜《かんちょう》、スパイ）だった。笠原などは、商人常盤屋五右衛門と名を変え、商人風に変装している。笠原五太夫にとっては、隠密調査を任務とする小人目付らしい身じたくだろうが、青島は普請役とはいえ、俵物商人に変装しての隠密行動が求められた。普請役も隠密なのである（「蝦夷地一件」、『最上徳内』）。

俵物とは、煎海鼠《いりなまこ》、乾鮑《ほしあわび》、鱶鰭《ふかのひれ》を指し、中華料理の高級食材として中国向け長崎貿易の主要な輸出海産物である。蝦夷地は、これらの重要な産地で、当時、幕府は独占的な集荷体制を作り、密売買を取り締まっていた。

当時、野辺地《のへじ》（現・青森県上北郡野辺地町）で暮らしていた最上徳内は、青島から求められてこの調査に合流した。青島と徳内は、天明五年の蝦夷地調査以来の仲である。

青島は、アイヌ蜂起事件の隠密調査を終えて江戸に戻り、報告書を提出したが、松平定信の逆鱗《げきりん》に触れてしまった。それは、報告書の内容ではなく、蝦夷地における青島らの行動にあった。なかでも、青島らがアイヌを集めて事件の真相を聞きただしたこと、松前藩に助言したことだった。それらは、俵物商人に変装した「間者」であることを忘れた行動であり、合戦であれば「返忠《かえりちゅう》」（主人に対する裏切り行為）にあたると断罪された。

青島は、遠島《えんとう》の判決をうけて八丈島へ流罪となったが、出帆する前に獄死した。徳内も拘引され入牢を命じられたが、師の本多利明らの嘆願などもあって釈放され、後に無罪となった。隠密な情報探索というのは難しく、場合によっては、自らの地位や職、命をも失いかねないものだった。

最上徳内、普請役に登用

しかし、クナシリ島からエトロフ島、さらにウルップ島まで到達し、ロシア人に直接面会もした最上徳内は、ロシアの動向と蝦夷地情勢について、当時、無二の情報保持者だった。しかも、幕臣ではない、いわば一民間人である。蝦夷地とロシアの動向に危機感を募らせていた幕府が、徳内をそのままに放って置くわけがない。幕府が、徳内の持つ蝦夷地、アイヌ、ロシアについての知識と情報を独占し、政策に活用しようとするのは当然の成り行きである。

徳内は、寛政二年（一七九〇）には、ただの普請役の従者の身分から普請役下役に登用され、さらに普請役に昇進した。つまり、百姓身分から士分、幕臣になったのである。それ以降は、幕臣、普請役としての行動になる。幕府は、蝦夷地、アイヌ、ロシアについての最高の情報と知識を持つ民間人を、幕臣に登用して囲い込んだのである。

寛政一〇年（一七九八）、目付、使番、勘定吟味役らによる東西蝦夷地の見分がおこなわれ、その随員の一人が勘定所支配勘定の近藤重蔵だった。その近藤の要請により、当時は御用材伐りだし用務のため、遠州（現・静岡県）にいた徳内が同行した。徳内は、調査、探検の用務のない平時には、治水や道橋工事用の材木の伐りだしの監督という、普請役にふさわしい役務に従事している。

近藤と徳内は寛政一〇年、二人でエトロフ島へ渡り、「大日本恵登呂府《えとろふ》」と書いた標柱を立て、エトロフ島は日本領と宣言したことで有名である。エトロフ島へ渡海するなどという生命の危険の伴う任務は、目付など御目見以上の幕臣ではなく、近藤や徳内のような御目見以下の幕臣が果たした。調査、情報収集には、身分や格式の差に応じた役務があり、探検に近いような仕事は、下級幕臣の役割だったのである。

徳内は文化二年（一八〇五）、西蝦夷地の調査に向かう目付の遠山景晋に随行した。遠山景晋は、徳内の力量を高く評価し、その結果であろうか、徳内は翌文化三年に普請役元締《もとじめ》格《かく》（俸禄は一〇〇俵三人扶持くらい。御目見以下だが譜代の格式）へ昇任している。その後《ご》、文化四年に箱館奉行支配調役並《しらべやくなみ》（俸禄は一〇〇俵七人扶持）に転任した。文化七年には御簾中《れんちゅう》様御《お》広敷添番《ひろしきそえばん》という役職に移ったが、そのまま勘定所に出役することになったので、職務の内容はそれまでと変わらなかった。

徳内の蝦夷地、千島探索は、九回に及んだ。このように勘定所普請役は、たんに調査活動という語では相応しくない、探検ともいうべき生命の危険をも冒した行動により、隠密に情報を収集することを任務の一つとしていたのである。

間宮林蔵の活動

最上徳内と似た存在が、間宮林蔵だろう。辞典類では、北方探検家、カラフト探検家、測量家、幕府隠密などと定義される人物である。常陸国筑波郡上平柳《かみひらやなぎ》村（現・茨城県つくばみらい市）の農家・箍屋《たがや》の子、という出自である。つまり百姓身分で、幼時から数学的才能に秀でていたという。江戸に出て、地理学者の村上島之丞に測量術を学び、寛政一一年（一七九九）、蝦夷地御用掛の松平忠明《ただあき》に随行した村上の従者として、蝦夷地に初めて渡った。寛政一二年（一八〇〇）に蝦夷地御用掛雇《やとい》となり、箱館で伊能忠敬《いのうただたか》（一七四五〜一八一八）に緯度測定法を学んだ。

文化三年（一八〇六）に蝦夷地、クナシリ島、エトロフ島で測量をおこない、翌四年に御雇同心格となった。これは、幕府箱館奉行所のいわば現地雇いの役人である。文化五年には、松前奉行所（文化四年一〇月に箱館奉行所が廃止され、松前に幕府松前奉行所が置かれた）調役下役元締の松田伝十郎とカラフト調査に派遣された。間宮林蔵は、文化六年、単身でカラフトから海峡を渡って黒竜江（アムール川）下流域を探検し、カラフトが島であることを確認する大発見をした。その地理学上の貢献により、世界地図に間宮海峡の名を留めることになった（洞富雄『間宮林蔵』）。

間宮林蔵は、文化八年（一八一一）に、松前奉行支配調役下役格となり、幕府松前奉行所の役人になったのである。それ以降、文政四年（一八二一）まで蝦夷地各地の測量に従事し、松前奉行廃止後の文政五年には勘定所普請役に昇進した。文政一一年（一八二八）におこったシーボルト事件は、林蔵の密告といわれ、その後、各地で隠密探索に従事したとされる。つまり、間宮林蔵は、普請役として隠密な調査や情報収集をおこなっていた。カラフト探検、カラフト情報の探索は、普請役としておこなったものではなかったが、幕府は、無二のカラフト情報の所持者である間宮林蔵を、最上徳内と同様に普請役として幕府に囲い込み、その知識と技能を独占しようとしたのである。

最上徳内と間宮林蔵は、蝦夷地とアイヌ、クナシリ・エトロフ・ウルップという北方諸島、カラフト島、およびロシアあるいは清国について、生の知識と情報を誰よりも豊富に持つ人物だった。幕府は、彼らを幕臣に登用することによって、その知識と情報を独占した。

探検と言うべき調査、探索は、小人目付もなし得ない情報収集活動であり、それが普請役にふさわしいものだったのである。

2 幕末の普請役の情報探索活動

普請役の松前藩探索

幕末期の普請役の情報収集活動としては、嘉永元年（一八四八）一一月に、普請役桑山右源次、河島小七郎両名が「松前表御隠密御書取箇条」、翌嘉永二年一二月に、普請役大谷弥一が、「北国筋俵物買入方取締為御用松前表え被差遣候に付彼地在留中見分仕候趣内密申上候書付」を差し出している（「松平乗全関係文書」）。いずれも松前藩の城下松前を中心に、松前家に関する情報を探索した報告書であり、幕末期の勘定所普請役の隠密情報収集活動を伝えるものである。

なお、これ以前の普請役による松前・蝦夷地に関する探索として、天保二年（一八三一）の普請役元締河久保忠八郎と普請役内藤卯三郎による、文政五年（一八二二）以降の異国船渡来状況の調査、および天保一〇年の能登・新潟と松前・蝦夷地の俵物抜荷調査が知られている（浅倉有子『北方史と近世社会』第三章）。

これらの普請役が収集した隠密情報は、上司である勘定奉行に提出されるが、勘定奉行からさらに老中に差し出されて幕閣共有の情報となり、幕閣としての政策判断、決定に活用されるのである。図式化すると、つぎのようになる。

【老中⇕勘定奉行⇕普請役】

まず、普請役により松前家に関する情報収集がおこなわれた背景になった、当時の異国船の頻繁な渡来に象徴された対外的危機の深刻化を簡単にみておこう。

対外的危機の深刻化と蝦夷地

弘化《こうか》年間（一八四四〜一八四八）になると、欧米の艦船が頻繁に日本の港にやってくるようになった。弘化二年三月に、アメリカ捕鯨船が漂流民を乗せて浦賀に入港、七月にはイギリス測量艦サマラング号が長崎に来航し測量の許可を要求、弘化三年五月に、アメリカ捕鯨船がエトロフ島に漂着、同年閏五月にアメリカ東インド艦隊司令長官ビッドルが浦賀に来航、六月にフランスインドシナ艦隊司令長官セシュが長崎に渡来し、薪水《しんすい》と漂流民救護を要求、同月にデンマーク軍艦が相模鶴が丘沖（現・神奈川県横須賀市）に渡来などの事件があいついだ。

これらの事件がもたらした危機感を背景に、朝廷が幕府に対して海岸防備の強化を求める勅書を出すという、前代未聞の出来事もあった。幕府は、翌弘化四年二月に、それまでの武蔵川越と武蔵忍《おし》の二藩に加えて、彦根藩と会津藩にも江戸湾防備を命じて、防衛態勢の強化を図った。

異国船が浦賀や長崎に頻繁にやってきたのと同じ頃、オホーツクから日本海にかけての海域が捕鯨の好漁場になり、日本海側でも英米の捕鯨船などが頻繁に目撃されるようになった。そのようななか、嘉永元年（一八四八）五月には、アメリカ捕鯨船がリシリ島に漂着した事件がおこっている。それ以外にも、異国船の頻繁な蝦夷地渡来や接近、松前沖の航行が噂された。蝦夷地周辺での異国船渡来情報に神経を尖らせていた幕府には、同時に松前藩政の混乱状況に関する風聞が入り、北方地域に対する危機感を増幅させた。

嘉永元年七月に、普請役に松前家の内密探索が命じられた背景には、このような異国船の頻繁な蝦夷地渡来と松前藩政の混乱ぶりを伝える風聞があった。

①嘉永元年普請役の松前藩隠密探索

調査すべき事項

普請役の桑山右源次と河島小七郎が、連名で提出した隠密探索の報告書が残されている。その内容は、嘉永元年七月に、松前に関して隠密に調べるよう指示された事項と、それ以外の現地で収集した情報の報告である。漠然とした調査ではなく、事前に具体的な調査項目を指示されて情報収集に赴いている。その調査事項の指示は、老中から出されたものだろう。普請役の報告書の提出先は上司である勘定奉行だが、そこから老中に差し出されたのである。

指示された調査事項は、一三か条にのぼる。

①松前領内の治まりぐあいはどうか。
②近年、頻繁に異国船が渡来しているが、松前藩の海防態勢はどうか。
③若年の現藩主は、女色に溺れることや過度な奢りなどがないかどうか。
④最近、藩主の癇癖《かんぺき》（癇癪。癇性。神経過敏で怒りやすい性質。発作的に怒り出すこと、などと説明される症状）が発症したさい、如何と思われるようなことがあるのかどうか、発狂というほどのことはないのかどうか。
⑤藩主の行状が荒れ、暴政、苛政《かせい》というような事態なのかどうか、もしもそのような事態ならば、家来たちの様子はどうなのか。
⑥家来のなかに、権威が強く過度に奢る者が、藩主の病気を幸いに勝手な振舞をしている、というようなことはないのか。
⑦家来が、忠臣と奸臣の二派に分かれて抗争しているようなことはないか、ある場合は名前を調べ、善悪がはっきりわかるように報告すること。
⑧家来のなかに、藩主に諫言《かんげん》するような忠臣はいないのか。
⑨藩主の寵臣《ちょうしん》はいないのか。
⑩藩主の弟の人柄、そして心掛けの良い者かどうか。

⑪藩主が発病したのち、藩政を助けている近親がいるのかどうか、その場合、家来たちはそれに心服しているのかどうか。
⑫アイヌは藩主に心服しているのか。
⑬最近、異国船が渡来しているようだが、蝦夷地の様子はどうか。

以上の一三か条が、内密の探索、内偵を命じられた事項である。報告書にはこの他に、⑭松前滞在中に探った情報、⑮帰途の道中で知り得た情報の二か条が含まれている。

指示された探索事項は多岐にわたるが、大きく分けると、❶松前藩主と藩政の実情、❷異国船渡来の状況と藩の防備策の現状、の二点が中心だった。頻繁な異国船の渡来と藩主の発病による松前家の混乱に関わるさまざまな風聞が江戸で流れたため、幕府は松前へ普請役を派遣し内偵させたのである。長文の探索報告書なので、前記の二点に絞り、かいつまんで紹介してみよう。

なお、普請役がどのように内偵しているのかはよくわからないが、すでに説明したように、幕府は、長崎における中国貿易の主要輸出品である俵物を独占的に集荷していたが、不法に抜け売（抜荷とも。密売買のこと）する者がいることから、それを監視し取り締まるため、普請役が北国筋から松前に派遣されていた。この頃、松前には北村勝之助という普請役が詰めていた。これは、松前藩に内密の存在ではないが、恐らく情報探索をした両名の普請役も、俵物の取締りの名目で松前入りしたのだろう。

❶松前藩主と藩政の実情

○藩主の発病と家政の混乱

松前家の家政は混乱し、家老もいかがわしい行動をしていると噂されている。藩主志《し》摩守昌広《まのかみまさひろ》は、前藩主良広の弟で嘉永元年の現在二二歳。前藩主がわずか一七歳で死去し、昌広も一五歳で藩主になったため、松前家では、長らく家老（昌広の大叔父の松前広純《ひろずみ》）が藩政を取り仕切ってきた。昌広は、天保一二年（一八四一）に始めて松前に行き、山田三川《さんせん》（天保九年に藩儒者として召抱え）らの登用による藩政の改革を試みようとしたが、藩の重臣らの抵抗によりうまくゆかなかった。

昌広は、天保一五年（一八四四。一二月に改元して弘化《こうか》元年）に江戸で発病し、弘化三年（一八四六）に松前に戻ったが、癇癖はますます強くなったという。発病後は、大

図表3 松前藩主略系図

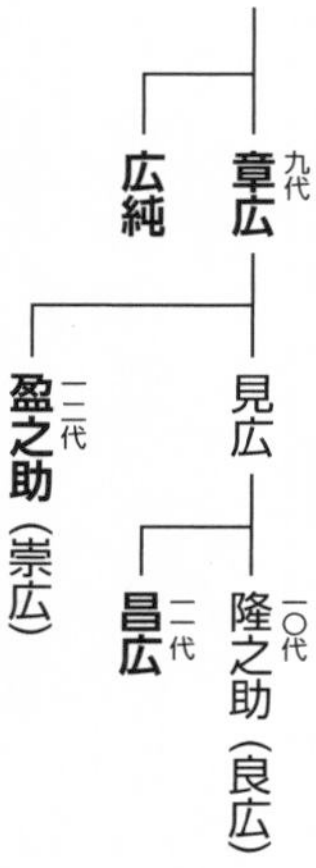

酒・乱酒、昼夜の差別なく酒色に溺れ、藩政を顧みない。藩の権力は家老が握っていて藩主には権威がなく、家老が意のままに藩政を仕切っている。市中や他国から来た者までが、藩政を誹謗《ひぼう》するありさまである。藩の財政は、約三万二三六三両（②の報告書では七万両という）の収入があり、藩士へ渡す金を減額しているために立ち直り、蓄え金もあるという。もともと、一万石格の松前藩の年間収入は一〇万石の大名以上で、財政的には豊かだとみられている。しかし、昌広は、着物は縮緬《ちりめん》・羽二重《はぶたえ》の高級衣料のみ、しかも身につけるのは一日だけ、冬は三枚着るので、月に九〇着もの新しい着物が必要だという。召し仕う女は、しょっちゅう取り替え、気に入ると多分の金品を与え、江戸浅草で召し抱えた女には一一〇〇両も与えた。また、江戸で美女を召し抱え、三三人も松前へ送るよう命じたという。

昌広は、家臣に対して砲術の稽古や武芸の奨励をしない。藩主の行状が荒れても領民に直接の影響が及ぶことはないが、領民は、家老や重臣たちの私欲による不正行為には迷惑している。

松前家政の混乱を収めるため藩主の交代が想定され、藩主の弟について探索を命じられたが、昌広に弟はいない。老中が調査を命じたのは、盈之助《えいのすけ》（一八二九〜一八六六）のことで、二代前の九代藩主章広《あきひろ》の第六子で、現藩主昌広には叔父にあたる人物だった（図表3参照）。なお盈之助は、昌広が病気を理由に隠居した嘉永二年（一八四九）に藩主となる崇広《たかひろ》のことで、のちに文久三年（一八六三）以降、外様大名としては異例にも、幕府の寺社奉行、老中格、海陸軍総奉行、老中にまでなる。

○後継者松前崇広の風聞

盈之助は、嘉永元年現在二一歳（二〇歳が正しい）という。章広が飯炊き女に生ませた子だというが、藩内では、実はその女性が別人と密通した時の子で、章広の子ではないとの疑惑を持たれている。人物としてはかなり良いとみられ、俗にいう「如才ない」と言われている。だが、出生の疑惑も関わって、物事に表裏のある心根を持っているのではないか、とみる者も家中にいるので、藩主になって松前家の混乱が収まるのかどうか、と危ぶむ風聞もある。

家政の混乱した松前家には、相談すべき近親がなく、遠縁あるいは両敬《りょうけい》と呼ばれる対等の交際をしている大名家から、注意や助言を得ている程度という。家老たちが相談していたのは、「続き合い」という摂津三田《せっつさんだ》（現・兵庫県三田市）藩九鬼《くき》家の前藩主隆国《たかくに》（隠居し南岳《なんがく》〈嶽〉と号した）だったようだ。また昌広の妻（伊勢神戸藩主本多忠升の娘）の養父である三河西尾（現・愛知県西尾市）六万石の藩主（弘化二年から西丸老中、嘉永元年一〇月本丸老中）の松平乗全に助力を願ったが、老中の立場で世話するのは難しいことから、天保一五年五月まで老中だった信濃松代《まつしろ》（現・長野市）藩主の真田幸貫に依頼し、藩内のおもな事柄について同人の指図を仰いでいた。その後は伊予宇和島《うわじま》（現・愛媛県宇和島市）藩主の伊達宗城《むねなり》の助力も願ったという。現在は、老中の松平乗全に助力を仰ぎ、現藩主の昌広を隠居させる件などを家老が相談し、慌ただしい動きがある。

このように、藩主の発病と松前家政の混乱、および藩主の交代の動きに関する内密情報が収集されている。

❷異国船渡来の状況と藩の防備策の現状

○異国船の蝦夷地渡来状況

近年、異国船が頻繁に渡来しているのは事実で、異国人が蝦夷地などに上陸した事件は、つぎの通りである。弘化四年（一八四七）に知内《しりうち》村へ八人が上陸。同年一二月にエトロフ島に大船一艘が渡来し、小船三艘、一艘に五人が分乗して上陸した。アメリカ人というが、イギリスあるいはフランス人との説がある。上陸した一五人は、松前藩が新造した船で長崎へ送られたという。嘉永元年（一八四八）五月に、リシリ島にアメリカ人二人が漂流と偽って上陸、同年七月にカラフト島「ヒラノシ」へ異国船一艘が渡来し、乗員三六人が上陸した。また、沖合を航行する異国船の目撃情報は、数十回に及ぶという。藩は、これらの事件に対応するため、嘉永元年には九月までに一万両あまりもかかったという。異国船が松前沖を通るのを目撃した件数は、嘉永元年三月上旬から八月下旬までの間で約八〇回にのぼるが、実際には、三、四艘の船が何回も往来しているらしい。

○松前藩の海岸防備の実態

松前沖を異国船が通ると、係り役人が備《そなえ》場《ば》に詰め、人足は、以前は町人に歩《ぶ》（夫《ぶ》）役《やく》をかけて動員していたが、町人は迷惑がり、駆けつけ人足を雇って役を果たしている。大筒台場は、松前陣屋《じんや》（嘉永二年に松前城の築城を命じられるまで、公式には松前城ではなく松前陣屋）近くの九か所に大筒二挺ずつを備えているが、見張りの足軽がいつも詰めているのは一か所だけである。箱館には大筒台場は二か所あるが、見張りの役人がいるのは一か所。大筒台場は、江差《えさし》に三か所、東蝦夷地に一一か所ある。クナシリ島には藩士四〇人、エトロフ島には五〇人が、一年交代で勤番している。西蝦夷地には四か所あり、ソウヤには足軽が詰めている。カラフト島には、家来が夏場だけ詰め、それ以外の時期は、足軽二人が対岸のソウヤで待機している。

大筒台場のうち、藩士が詰めているのは三、四か所に過ぎず、その他は、場所請負商人の手代《てだい》を頭とし、雇いの人足とそこで働くアイヌがいるだけという。異国船に関する情報も、沖合に長く滞留したり、上陸したりした場合に注進するだけで、飛脚などの費用がかかるのを嫌がって、いい加減にしているらしい。
藩士が詰める場合も、軍備や海防のことより場所請負商人からの進物の多少、つまり役得の方を気にしている。松前家の家風で、文武に心がける藩士は少なく、多くは放蕩な日々を送っている。また、場所請負商人が手厳しく働かせるため、アイヌの人口は減少しているという。

このような実態を報告したうえで、松前藩は財政が豊かなので、藩主や家老に人材を得れば、海防・軍備を整備することができるはずだが、現状は奢侈《しゃし》超過のため海防・軍備は手薄な状態である、と分析している。

異国船渡来激増事情の探索

普請役は、なぜ異国船が頻繁に松前の沖合を航行したり、蝦夷地に渡来して上陸するのかについて情報を収集し、重要な風聞を入手している。そして現時点では、長崎や浦賀よりも蝦夷地の方が重要と思われる、とつぎのような注意を喚起する報告をしている。

ロシアが北アメリカ「カセカ」という所に港を開き、欧米諸国の商船がこの港に集まり、ここから中国の広東（広州）へ向かうようになった。その航路が、かつては【カセカ⇕蝦夷地沖⇕東北の太平洋岸⇕八丈島⇕小笠原諸島⇕琉球沖⇕広東】だったものが、異国船打払令が撤回（文政八年〈一八二五〉発令、天保一三年〈一八四二〉撤廃）されたので現在は、【カセカ⇕蝦夷地沖⇕津軽海峡⇕佐渡沖⇕対馬沖⇕広東】に替わっている。そこで、蝦夷地に薪水取り場（補給場所）を設けるため、上陸して調べているのではないか、という風聞がある。

北米北太平洋岸産の毛皮（ラッコの皮など）を中国広東へ持ち込む毛皮貿易の商船の航路が、異国船打払令の廃止により、日本側から砲撃される心配がなくなったので変更された、という説である。さらに、つぎのような報告もしている。

また、ロシアは最近ウルップ島まで手に入れた。この結果、蝦夷地はロシアと境を接することになり、もしロシアによる異変がおこっても、松前家の軍備は手薄なのでとても対応できない。またロシア人は、住民を手なずけるのが得意なので、アイヌは懐柔されてロシアに従うのではないか、との風説もある。

探索の結論

普請役は、松前に関する風聞探索の結果、つぎのような結論を記している。

松前家の混乱を立て直すには、もはや尋常の藩主では難しい状況にある。もっとも心配なのは、異国船対策である。近年、異国船が頻繁に松前の沖合を航行し、さらに、松前からはるか遠く離れた蝦夷地の各地へ、異国人が上陸する事件もたびたびおこっている。クナシリ島、エトロフ島、ソウヤあたりの遠隔地に、多数の異国船と大勢の異国人が上陸し、乱暴狼藉《ろうぜき》を働いたとしても、松前藩の防備態勢はすでに指摘したような現状なので、対応不可能である。東蝦夷地に南部藩の軍勢三〇〇人、西蝦夷地に津軽藩の軍勢二〇〇人が加勢する態勢にあるとはいえ、それで対処するのはなかなか難しい。今後の異国船の渡来や異国人の行動によっては、深く懸念される現状にある。

つまり、松前藩政を立て直すのはなかなか困難であること、松前藩の防備態勢では、現在の対外的危機に対処できない、という結論である。普請役の情報探索は、風聞を詳細に収集するとともに、それに基づいた一定の判断を記しているのが特徴である。

②嘉永二年普請役大谷弥一の松前藩内密探索

俵物取締りと風聞探索

普請役の大谷弥一は、嘉永二年（一八四九）一一月付の「北国筋俵物買入方取締為御用松前表え被差遣候に付彼地在留中見分仕候趣内密申上候書付」というタイトルの報告書を、勘定奉行の石河土佐守政平に差し出し、石河は翌年の嘉永三年一月二七日に老中へ提出した。報告書は、北陸から蝦夷地に至る日本海側の俵物流通の取締りを命じられた大谷が、松前に滞在している間に、松前家に関して見聞したことを内密に報じたものである（「松平乗全関係文書」）。

大谷は、北国筋の俵物抜売りを取り締まるため松前に詰めている間に収集した「松前家中虚実風聞」を、この年の春にも報告したという。今回は、春以後に知り得た情報を報告したのである。そのいくつかを紹介しよう。

❶松前藩主と藩政に関する探索

松前家では、嘉永二年六月に藩主昌広が病気を理由に隠居し、昌広の叔父（祖父章広の子）にあたる崇広が新藩主になった。家老職には、かつて藩主になる可能性もあった松前広純（崇広の父章広の弟にあたる）が復帰した。広純は、その経歴から藩領民に尊敬され、藩役人の人事や場所請負商人の選定など、藩政の重要事項を仕切っている。

藩の財政は、松前・蝦夷地が幕府領時代（文政四年〈一八二一〉まで）の収納（場所請負商人の運上金《うんじょうきん》と松前・箱館・江差湊に入港する商船から取り立てる「沖《おき》の口税《くち》」）は約三万両だったものが、現在は、運上金の増額や新規の開発、松前市中へのさまざまな新規の課税などにより、約七万両になった。だが、それでも不足がちである。

藩士には文武に励もうという意欲が薄く、しかも、藩主や重職による文武の見分もないため、武芸稽古をさぼりがちである。砲術の稽古も、あるにはあるがはかばかしいものではない。軍備を心がけ、領民らに対し「寛宥《かんゆう》慈悲の心」のある者は、「馬鹿」と言われる始末である。

❷異国船渡来の状況と藩の防備策の現状

復領（文政四年に、陸奥梁川《やながわ》〈現・福島県伊達市〉から旧領の松前に戻ったこと）してから、三代前の藩主松前章広は台場の大筒を増やすなど海岸防備の充実を図ったが、その死後はすっかり忘れ去られている。その後の藩主が、若くして死去したり病気で隠居したりして、家老・用人たちが藩政を仕切っているからである。

藩には三、四万両の蓄え金（「遊び金」）があり、松前市中の町人らへ二万両もの貸付金があるほど豊かなので、大筒を大量に鋳造して軍備の充実を図るべきだが、その動きはない。また、陸上から海上の船を攻撃するには、七、八貫目玉以上の大筒でなければものの役に立たないが、松前藩が備えている大筒は、一貫目玉以下なので意味がない。遠く離れた蝦夷地にある大筒台場などは、飾り物のようなもので何の役にも立たない。

❸異国船渡来情報と海岸防備

近年は、春から秋の末まで、東西蝦夷地の東海から西海の方へ、また、松前沖合を通る異国船が少なくない。さらに、今年六月にカラフト島に異国人（アメリカ捕鯨船員三人…著者注）が上陸した。松前や蝦夷地の近海を通る船は、本当に鯨漁の漁船なのだろうか。聞くところによると、イギリスは、蒸気艦二四、五艘、フリゲート艦四四、五艘、フレガット船四三、四艘を、中国近海に派遣しているという（前年の嘉永元年に、オランダ商館長が中国に派遣されているイギリス艦隊の陣容を伝えたことによる…著者注）。前年嘉永元年五月のリシリ島への漂着や、今年のカラフト島への漂着などは、蝦夷地を手始めに日本の様子を探るため、難破船を装って上陸しているとも考えられる。万一の事がおこれば、松前崇広一己《いっこ》の不覚悟では済まず、日本の恥辱となる。

また、今年七月、海岸防備を強化するため、松前崇広に築城が命じられた（五島列島の福江〈現・長崎県五島市〉藩主五島盛政にも築城が命じられた…著者注）。しかし、現在、松前陣屋のある所に城を築くのは、地理的、地形的な点から海岸防備にあまり意味がないのでは。松前は異国境の地で大切な場所なので、地勢や海岸防備などの観点から、いま一度調査のうえ考えた方が良いのではないか。

普請役の結論

普請役大谷弥一は、異国船の頻繁な航行と異国人の上陸という事態にイギリス軍艦の動向を絡め、対外的危機に対処すべき松前藩のぞっとするような内情に深刻な危機感を吐露し、松前への新規築城の再検討まで進言している。

嘉永元年の普請役二名による隠密報告書と同じように、詳細な松前家の探索による内密情報を報じるとともに、それに基づいて、松前家の現状では、北方の対外的危機に対処することは無理だ、という意見を添えている。

普請役の情報探索と幕府の新政策

嘉永六年（一八五三）六月、アメリカ東インド艦隊司令長官ペリー率いる艦隊が浦賀に来航し、江戸幕府に開国を迫った。幕府は、要求への回答を翌年に延期することを求め、ペリーは了承して明年の再来日を約して退去した。ペリーは、翌嘉永七年（この年一一月に改元して安政元年）正月、ふたたび浦賀に渡来し、幕府は、日米和親条約を締結して下田と箱館の二港を開港することにした。松前藩領の箱館が開港場になったのである。

ペリーの浦賀来航と前後して、嘉永六年七月、ロシア極東艦隊司令官プチャーチンが、軍艦四艘を率いて長崎に渡来した。開港と北方の領土確定を要求し、一〇月にいったん長崎を退去した。同年八月には、ロシア軍艦がカラフト島のクシュンコタンに渡来し、ロシア兵が上陸して兵営を築く事件もおこっている。幕府は、安政元年一二月、日露通好条約を結び、下田、箱館、長崎の開港と、千島列島はエトロフ島以南を日本領とし、カラフト島は国境を定めず、従来通りとして当面は両国雑居の地とした。

このように、箱館が開港場になり、ロシアはカラフト島南部への軍事的進出を強めていた。幕府はこの新たな事態に対応するため、安政元年六月、開港場になった松前藩領の箱館とその周辺地域を幕府領とし、箱館奉行を置いて直轄支配した。さらに、翌安政二年二月、幕府は松前を除いて全蝦夷地を直轄し、同年三月に、仙台、秋田、津軽、南部、松前の各藩に蝦夷地警備を命じ、蝦夷地の防備を強化しようとした。

幕府が安政元年から二年にかけて、松前藩から松前を除いて箱館や全蝦夷地を取り上げて直轄する政策を断行した理由は、厳しい国際環境のなかで、松前家に蝦夷地を任せられないと判断したからである。その前提に、松前藩に対する隠密な探索による内情の把握があった。その一つが、この普請役がもたらした隠密情報だった。重要な政治判断に、普請役による隠密探索が役立てられたのである。

第四章

犯罪捜査と経済調査のエキスパート

――町奉行所隠密廻り同心の情報収集

1　町奉行所の同心

三廻り同心

町奉行所には、情報収集にもあたる隠密廻り同心がいた。南と北の二人の町奉行には、配下である町奉行所の職員に、与力《よりき》と同心がいた。南北ともに与力二五騎《き》（人）・同心一二〇人、あわせて五〇騎（人）と二四〇人、つまり二九〇名いた。同心から与力へ、あるいは与力から奉行へと昇進することはなく、また、他の役所や役職へ異動することもほとんどなく、親から子へ同じ職を継いでいく世襲制が基本だった。

小田切直年《なおとし》（一七九二～一八一一年在職）や筒井政憲《まさのり》（一八二一～四一年在職）らのように、二〇年も在職する町奉行もいることにはいるが、普通は数年在職するだけである。そのような町奉行と違い、与力・同心は、同じ職を何代にもわたって務めるため、職務上の知識や町奉行所を運営する慣例に通じていた。また、江戸町人との関係では、お互いに何代かにわたる人間関係を取り結ぶ場合すらあった。そのため、与力・同心は、町奉行所のこと、江戸町人のことを奉行よりはるかによく知っているという自負心があった。彼らこそが、町奉行所という役所を実質的に運営し、江戸の町の行政を担っていたのである。

町奉行所には、年番方《ねんばん》、吟味方、赦帳《しゃちょう》方、撰要方《せんよう》、人別調《にんべつしらべ》方、例繰方《れいぐり》などいくつかの分課があり、与力が同心を指揮して職務を遂行していた。同心には、固有の職務として、定廻り《じょうまわり》、臨時廻り、隠密廻りの三廻りと呼ばれる警察的な機能があった。時代劇によく登場する、十手《じって》を持ち、袴をはかない着流しで市中を歩いているのが、この定廻りと臨時廻り同心である。

彼ら与力・同心は、江戸八丁堀(現・中央区)に組屋敷(大番組与力・同心、お先手組与力・同心など、下級幕臣に幕府から組単位で与えられた屋敷地)があり、そこに集住していた。そのため、「八丁堀の旦那」などと呼ばれたのである。警察的な役割を担う同心の人数はわずかなので、犯罪者の捜索や逮捕、情報収集のためにたくさんの目明《めあかし》(時期により、岡引《おかっぴき》、手先《てさき》と呼ばれるが、実態は同じ)を使っていた。その数は、天保一三年(一八四二)に一五〇人もいた。

隠密廻り同心の犯罪者逮捕

犯罪を捜査する定廻り同心と違って目だたない、というより目だってはだめなのが隠密廻り同心である。定廻り同心と同様に、犯罪者を捜索し逮捕する警察機能を果たしている。その一例を紹介しよう（宮地正人『幕末維新期の文化と情報』）。

嘉永六年（一八五三）三月一二日に、北町奉行所隠密廻り同心の片山伊左衛門は、吉原の加賀屋という遊女屋に頻繁に遊びに来ていたという、小普請酒井大膳の家来湯山健八郎と内海六之助の両名を逮捕した。所持していた脇差《わきざし》が、呉服店大吉屋が路上で二人組に奪われた脇差と一致したからで、路上強盗の容疑で逮捕したのである。なお、その脇差は、町人が持つには立派すぎるものだったという（「松平乗全関係文書」）。

2 町奉行の都市政策と隠密廻り同心の情報探索

隠密廻り同心の景況探索

隠密廻り同心は、犯罪者を隠密に捜索して逮捕する警察的機能だけではなく、江戸市中の経済情報の収集にもあたっていた。ここでは、天保改革の都市政策と深く関わる隠密廻り同心による景況探索を取り上げ、それと幕府の政策との関わりをみてみよう。

天保一二年（一八四二）五月二二日、町奉行所から江戸市中に、幕政改革の開始が告げられた。老中水野忠邦を中心にして、享保、寛政の改革とともに江戸時代の三大改革と呼ばれる大規模な幕政改革、天保の改革が始まったのである（以下、藤田覚『天保改革』、同『遠山金四郎の時代』）。

改革が始まると、江戸市中へは奢侈な風俗の取締り、ぜいたくの禁止、質素倹約の励行が厳しく命じられた。微に入り細を穿《うが》った取締りの影響は、またたくまに市中に及び、深刻な不景気に見舞われた。八代将軍徳川吉宗がおこなった享保の改革でも質素倹約が励行され、貨幣改鋳（貨幣の質を落とした元禄金銀を元の慶長金銀の質に戻した）もあいまって、その後長らく不景気が続いたのと同じなのだが、天保の改革の評判はすこぶる悪かった。

町奉行所では、改革に対する江戸町人たちの不満や批判の声の高まりをうけて、実態の調査にとりかかった。その情報の収集にあたったのが、隠密廻り同心だった。天保の改革の開始から二か月たった七月中旬、隠密廻り同心は江戸市中の現状と風聞を調査した。

同心たちは、さまざまな業種の商人、大工など建築関係の職人、さらに遊所などの娯楽・遊興施設について情報を収集した。そのなかでとくに、江戸を代表する大店《おおだな》呉服店の六月の売上高を調査し、前年の同じ六月の売上額と比較するという手法をとった。すると、駿河町の越後屋本店（三井）では四〇％、同越後屋向店（三井）では三三％、通《とおり》旅籠《はたご》町の大丸屋では二三%、通一丁目の白木屋に至っては七三%も売上げが減少したという、驚くべき事実をつかんだのである。現代では、百貨店やチェーンストア、コンビニの売上げ動向が、消費や景気のバロメーターになっている。江戸時代でも、同じような調査をしていたのである。

江戸市中の深刻な不景気

隠密廻り同心は、大店呉服店の売上高の大幅な減少を強調しながら、いろいろな業種の景況を調査し、つぎのように江戸市中の現状を町奉行に報告した(『大日本近世史料　市中取締類集』一)。

大店の呉服店のほか、市中の中小の呉服屋・古着屋、そのほか商売柄による違いはあるものの、大店と同じように軒並み売上高が減っているという。また、家の新築を考えていた者が、奉行所などから贅沢するなとか、質素にしろとか言われるのを恐れて、建築を差し控え、様子をみているらしい。そのため、大工をはじめとする土木、建築関係の諸職人たちの仕事がなくなってしまった。商人と職人たちの景気が悪いので、両国や浅草などの盛り場や、吉原、芝居、茶屋、料理屋、船宿などの遊興施設や飲食店も客足が遠のき、商売にならないようだ。不景気がこのまま冬ごろまで続いたらどうなってしまうのか、と深刻な事態になることを予測している者がいる。このような事態が生まれたのは、厳しい質素倹約を命じる触書が出たうえ、天保一二年閏正月に大御所徳川家斉が死去すると、それまで権勢を振るっていた家斉の側近たちが、厳しく処罰されたり左遷されたりして、幕府に大きな変動がおこっていることに町人たちが恐怖し、おのずと首をすくめている心理的な要因も一因だという。その結果、このような不景気な世の中になってしまった。

隠密廻り同心は、江戸が深刻な不景気になったことを、大店の売上げの数字をあげ、盛り場の様子を町奉行に報告し、その原因について指摘したのである。なお、定廻り同心もほぼ同じような景況を報告している（同前）。

町奉行の政策転換の提言

天保の改革令により、江戸市民が深刻な苦境におちいったことは明らかになった。いよいよ、江戸市中を管轄する町奉行の出番である。北町奉行遠山景元(通称金四郎。左衛門尉《さえもんのじょう》)は、天保一二年九月二〇日、新たに江戸市中へ出す触書について、その基本的な考え方を老中水野忠邦に伺い出た。そして、それに基づいた新たな触書の案文を添えた。その末尾には、つぎのように書かれていた(同前)。

前条の通り、奢侈を取り締まる触書を出した理由は、長年のあいだ人びとがぜいたくを続けてきたため、お互いに生活が苦しくなってしまった。今回の取締りは、お上の深いお情けにより、人びとを救うための措置なので、物事をあまり窮屈に考えず、祭礼やお祝い事はもちろんのこと、なにごとも身のほど相応にやりなさい。また、芸能人のような「遊民」たちの仕事も、一切だめだというわけではない。そのほか、繁華な土地で暮らす者たちは、自分勝手なぜいたくは慎むことをよく申し合わせたうえ、江戸が賑わうように心がけるべきである。なんとなく江戸の町がさびれてしまっては、かえって御仁政を施したいという将軍のお考えに反してよろしくないので、名主たちからもよく申し聞かせ、誤解のないようにせよ。

奢侈の禁止を触れているが、むやみやたらに倹約しろと言っているのではなく、祭礼や祝い事などすべて分相応にやれ。芸人などの「遊民」も、すべてだめだといっているのではない。繁華な土地の住民は、分不相応のぜいたくをしないよう申し合わせたうえで、江戸の繁栄を維持するように努めるべきである。江戸がさびれるのは、将軍の仁政の考えにも合致しないので、触書の趣旨を誤解することがないよう、町名主は町内の住民によく説明せよ、という内容である。

分相応の暮らしをすればそれでよく、分不相応のぜいたくも倹約もだめで、江戸を繁栄させていかなければだめだという、町奉行遠山景元の基本的な考え方がよく出ている。江戸の繁栄を維持すること、それこそが遠山の最大の目標だった。これを妨げる、あるいは江戸をさびれさせるような改革政策に対しては、たとえ相手が老中であろうとも激しく抵抗してゆく。

三方領知替のところで紹介したように、将軍の考えに真っ向から反論した水野忠邦もただ者ではないが、その水野に激しく抵抗する遠山もただ者ではない。これ以降、江戸の市政に関して、ただ者ではない者同士の激しい闘いが続く。

3 老中の都市政策と情報

金座御金改役後藤三右衛門の情報

江戸の町がひどい不景気になったことは、老中水野忠邦の耳にも入っていた。寛政の改革のなかで、目付の職務分掌に町方掛《かかり》が設けられ、掛の配下に徒目付と小人目付が付けられた。このもっとも基幹的な情報収集ルートから、当然、天保改革令以後の江戸の状況が水野に報じられていただろう。

目付から南町奉行になる鳥居耀蔵《ようぞう》（甲斐守。忠耀《ただてる》。一七九六～一八七三）、天文方見習の渋川六蔵敬直《ひろなお》（一八一五～五一）とともに「水野の三羽烏」といわれるほど老中水野忠邦に近かった、金座御金改《あらため》役の後藤三右衛門光亨《みつあきら》（一七九六～一八四五）も水野に情報を伝えていた（徳富猪一郎『近世日本国民史二八　天保改革篇』）。

隠密廻り同心が前述の景況調査を報告した一か月後の八月、後藤は、水野忠邦に差し出した意見書のなかで、情報としてつぎのような市中の噂を伝えている。

両国や浅草をはじめ、江戸のすべての盛り場がさびれてしまった。このまま二、三年もこのような状態が続けば、貧民たちは生活できなくなり、多くの者が江戸から他国へ出てゆかざるを得なくなるのではないか。四、五年前の天保の飢饉の時よりもひどい事態になっている。武家や町人の金持ちのなかには、幕府の厳しい取締りに恐れをなして、家内の者の外出を禁止し、妻子が三味線を稽古するのも止めさせている者もいる。まるで喪に服している時のようにひっそりとしている。この事態は、ひとえに幕府が厳しい取締りをしているからだ、という批判が出ている。

江戸は、町人の生活を脅かすほどの深刻な不景気におちいってしまい、その原因を作った幕府の政策への批判が強まってきた、という市中の情報を伝えている。隠密廻り同心のものと、内容はそれほど違わない情報である。しかし、一方で町奉行遠山景元は改革政策の転換を図ろうとし、他方で老中の水野忠邦は改革政策の断行を決意する。同じような情報を得ながら、まったく正反対の政策をとろうとしたため、町奉行遠山と老中水野の激しい対立が生まれたのである。

老中水野忠邦の遠山批判

遠山から伺書と触書の案文を受け取った老中水野忠邦は、激怒したらしい。九月二四日に、将軍徳川家慶へ、町奉行遠山を念頭に置いて、天保の改革に非協力、あるいは抵抗する役人たちを非難し、改革断行の決意を披瀝《ひれき》した伺書を提出した（青木美智男「旗本新見家に残された天保12年「三方領知替」中止をめぐる史料」）。まず、改革に忠実に取り組んで成果を上げている例として、小普請奉行川路《かわじ》聖謨《としあきら》の名をあげ、ついで川路と反対に改革に取り組まない「抵抗勢力」の代表として遠山らを非難する。水野は、遠山の考え方をつぎのように要約している。

ぜいたくを一切禁止し、質素倹約第一の世の中になると、江戸の町は衰微し、諸国から人びとが集まってくる大都会江戸にとって、都合の悪い光景になり、そうなっては徳川将軍家の評判にもかかわることになる。御城下江戸は、どんなことがあっても繁華にしておかなければならないので、手心を加えてぜいたくの取締りをするつもりだと、町奉行どもは言っている。

ぜいたくをすべて禁止し質素倹約の風潮になると、江戸市中は衰微し、全国から大勢の人が集まる大都会江戸にふさわしくない光景になり、将軍家についていろいろと良くない噂が立つことになるだろう、だから、江戸はとにかく繁栄させ賑やかにしておかなければならない、そこで取締りに手心を加えたい、というのが遠山の考え方だと水野は理解した。遠山は江戸の繁栄を維持するため取締りを緩めようとしている、すなわち、水野が推し進めている天保の改革を、遠山は骨抜きにしようとしている、と水野は判断したのである。そこで、激しい調子で遠山を批判する。

そのような考えでぜいたくを取り締まると、寛大なやり方しかしない。長いことぜいたくや奢りに慣れ親しんだ質素を嫌がる連中へ、最初から繁華を大事にしろなどと言って、悪がしこい下々の心情に合うようにやったのでは、取締りは有名無実になり、改革の主意が実行されないことは明白である。享保と寛政の改革でも、第一にぜいたく、奢りを禁止したことは、当時の触書の条文から明らかである。一〇〇年、五〇年も前からぜいたくの弊害はあり、まして文政以来のぜいたく、奢りが頂点を極めている現在、今回の改革でこれを一掃できれば質素の世の中になり、面目を一新することができるので、また、三、四〇年は質素な社会が続くだろう。たとえ御城下江戸が衰態を極め、町人どもの今日の家職が成り立たず、商人たちが江戸から出ていってしまうことになっても、いささかも頓着《とんじゃく》せず、質実にせよとの命令が行き届くならば、二、三年もたてばおのずとほどよい名分も立つだろう。江戸はこのような繁華の地なので、窮乏するほどのことはきっとないと思うが、それくらいを見込んでやらなくては、とても世の弊害を除き人民を助けるという改革の主意は行き届かない。

文政年間（一八一八～三〇）からのぜいたくの風潮が引きおこした弊害が頂点に達しているこの時に、遠山のように最初から江戸の繁栄を守る、などと言っていては改革できるわけがないと批判し、この機会に弊害を一掃すれば、また三、四〇年は持つのではないか、だから、たとえ江戸が寂れきったとしても、いささかも意に介さないくらいの覚悟で取り締まらなければ、江戸市中の改革など出来るはずがない、と主張する。

水野忠邦の目ざすところはどこなのかを語っていないので明確ではないが、水戸藩主徳川斉昭《なりあき》（一八〇〇～六〇）が天保一二年八月に水野忠邦へ送った意見書のなかで主張していることは、水野と同じなのではないかと思う（『水戸藩史料』別記上）。

水戸藩領では、最近水戸城下が次第に衰退している、金回りが良くない、この二つの声が大きい。水戸藩領でさえ少しぜいたくを取り締まると、このような声が大きくなる。まして江戸では、かならずや二つの声が出てくるだろう。町奉行や諸役人が、その声に押されて姑息《こそく》な対応をとれば、かえって商人の術中におちいることになるだろう。武士と農民さえ暮らしがなり立てばそれでよく、町人は、武士と農民が不自由しない程度の営業でよい。

ぜいたくを禁止すると、城下が寂れる、金回りが悪くなる、と商人らが主張し、町奉行らがそれに同調すれば、商人たちの思う壺にはまる。武士と農民さえ安穏に暮らせればそれでよいのであって、商人や職人は、武士と百姓が必要とする物を製造し供給すればそれだけでよい、という。武士と農民が大事なのであって、商人・職人はそれを補助すればよいという主張である。だから、ぜいたく禁止によって城下が寂れ、商売が成り立たなくなって商人・職人が離散したとしても、武士と百姓、とくに武士に都合のよい世の中に戻ればそれでよい、ということになる。おそらく、水野忠邦もそれに近い考え方だったろう。

対立の構図

取締りに手心を加えて江戸の繁栄を優先しようとする遠山、江戸が寂れ切っても厳しく改革を徹底させようとする水野、このように二人はもっとも基本的な方針で鮮明に対立した。水野は、改革に熱心に取り組まない奉行と役所として、作事《さくじ》奉行、普請奉行、納戸《なんど》方、賄所《まかなどころ》、細工《さいく》所を名指しであげ、町奉行を含めて改革に抵抗する、あるいは熱心ではない奉行らの更迭を将軍に要求した。

水野から改革に熱心ではないと名指しされた役所には、共通点がある。作事奉行は、建物の築造や修復を職務とし、江戸城の本丸御殿や門・櫓《やぐら》の建築と修繕にあたった。普請奉行は土木関係を扱い、江戸城の石垣・堀・橋の築造と修理、さらには上水の管理も担当した。納戸方は、将軍が日常生活をおくる本丸御殿中奥に詰め、将軍のお手許金・衣服・調度類の調達と出納管理にあたる役職である。賄所は、江戸城本丸御殿で消費する米穀、野菜、魚などの食料品、調味料や菓子などの嗜好品、さらには食事・風呂道具などの日用品の調達と出納管理にあたった役所だった。細工所は、天皇や公家への贈答品となる工芸品、幕府が使う武具・馬具・建具・調度など諸器物の細工を担当した。
共通するのは、建築土木工事や物品調達にあたるため、多額の予算を使う役所であり、江戸市中の商人・職人らと密接な関係を持っている点である。特権的な御用達商人・職人、幕府御用を競争入札などで請け負う御用商人・職人その他、取り結ぶ関係は多様であるが、多数の江戸町人と深い接点を持って職務を果たしていた役所だった。

天保の改革による奢侈禁止、ぜいたく取締り、そして幕府の財政緊縮政策は財政支出を削減するため、幕府の御用、現代風にいえば公共事業の削減は、御用を請け負う業者に打撃を与えた。江戸市中の多くの商人・職人との関係を持つ役所は、御用請負業者の声に耳を傾けざるを得なかった。これらの役所や奉行が、老中水野の改革政策に消極的な姿勢をとったのは、このような江戸町人との深い関係があるからだろう。その点では、町奉行と同じような立場にいた。彼らは、町人との日常的な関係から入ってくる情報に重きを置かざるを得なかった。

しかし、水野忠邦に誉められた川路聖謨は小普請奉行だった。小普請奉行は、江戸城本丸、紅葉山霊廟、寛永寺、増上寺、浜御殿などの普請と修造を職務とし、作事奉行や普請奉行と同様に、町方の建築・土木業者、日用《ひよう》人足を請け負う町人と関係を持っていた。江戸町人と同じような関係を持つにもかかわらず、川路聖謨の小普請奉行所と水野に名指しされた役所との違いは、奉行のやる気の有無だ、と水野は言いたかったのである。

水野の報復

当時の町奉行は、北町奉行の遠山と南町奉行の矢部定謙《さだのり》（一七八九～一八四二）の二人だった。矢部は、堺奉行から大坂町奉行、その後、勘定奉行を経て南町奉行へ昇進した。町方支配、行政のベテランといえる経歴の持ち主で、堺奉行、大坂町奉行の時代は名奉行と言われた。矢部は、南町奉行として遠山に協力的で、天保の改革の江戸市中改革に批判的だった。

水野忠邦は、改革に非協力的な奉行たちの更迭を将軍に訴え、もっとも強く改革に抵抗する町奉行を攻撃した。遠山は将軍お墨付きの名奉行であるから罷免するのは難しいと判断したのだろうか、遠山の同僚矢部定謙を攻撃し失脚を図った。そこで、何年も前の天保の飢饉のさいに勘定奉行だった矢部のやや問題のあった行為を蒸し返し、それを咎めたのである。その結果、天保一二年一二月に矢部を罷免に追い込んだ。さらに矢部が、その罪状を評定所で審理しているさなか、これは冤罪だと訴え、政治のあり方や役人を批判した言動が「不届きの至り」と断罪され、翌年三月に伊勢桑名藩へ永預《えいあず》け（入牢させる代わり、大名へ終身預けて監視させた刑罰）になり禁錮された。矢部は、幕府のこの処置に怒り、食を断って死んだという。

水野忠邦の指揮のもとで矢部の失脚を画策したのが、目付の鳥居耀蔵と天文方見習の渋川六蔵だった。鳥居は、「水野の三羽烏」の一人で、水野忠邦に忠実なブレーンだった。そして、矢部の後任として南町奉行に就任した。矢部の更迭と失脚は、抵抗する町奉行を抑えつけて改革を推進するため、水野と鳥居が画策した疑獄事件だったともいえる。こうして、南町奉行には水野忠邦が主導する天保の改革を忠実に遂行する鳥居耀蔵、北町奉行には天保の改革に批判的な遠山景元という対立の構図が生まれた。

鳥居耀蔵は、幕府儒者の林大学頭《だいがくのかみ》述斎《じゅっさい》の子で、目付の時に、罪状をでっち上げて渡辺崋山《かざん》、高野長英ら洋学者を弾圧した「蛮社《ばんしゃ》の獄《ごく》」を引きおこした人物である。矢部定謙の事件も、過去の過ちを蒸し返して失脚させたように、かなりの陰謀家だった。南町奉行の時代、水野忠邦に忠実な姿勢は、江戸の市民から「耀甲斐《ようかい》」（鳥居の通称、耀蔵の「耀」と、官職名の甲斐守の「甲斐」をとったもの）すなわち「妖怪」と恐れられ、蛇蝎《だかつ》のごとく嫌われた。

遠山景元は、町人を管轄する行政官である町奉行として、江戸の繁栄を守ることを第一に掲げて、水野忠邦が主導する天保の改革の諸政策と対峙することになる。

ほぼ同じ情報を得ても、政治判断や政策が対立することは往々にしてあり得る。役人たちが抱く政治像や社会像、そして危機意識の差異などが、対立の前提にあるのだろう。一八世紀末の田沼意次から松平定信への政変などは、その典型例といえるが、水野と遠山の対立もまた同じような構図である。

第五章
異国船とアヘン戦争、鎖国下の情報戦
――オランダ風説書と対外政策

1 異国船打払令の発令と情報

毛皮貿易の活況

江戸幕府は文政八年（一八二五）二月、日本の沿岸に渡来する異国船を、たとえ漂流船であっても無差別（「二念なく」）に砲撃し撃退するよう命じた異国船打払令（「無二念《むにねん》打払令」とも）を発令した（『御触書天保集成』下、六五四一号）。文化三年から四年にかけてロシア軍艦がカラフト島、エトロフ島などを攻撃した露寇事件をうけて、文化四年（一八〇七）一二月、ロシア船を対象にした打払令が出されたが、それ以外の異国船に対しては、求める食料や燃料を給与して退去させる穏便な対応策を基本にしていた。そのような穏便な異国船対応策から、強硬な打払い策に転換したのである。この政策転換に至る情報と幕府の評議、政策決定をみてみよう。

一八世紀後半から、北太平洋北米海岸産のラッコなどの毛皮を中国広東（広州）で売却する毛皮貿易が活発化し、イギリスやアメリカの商船が日本近海に現れた。なかには、売れ残った毛皮を日本に売り込もうとした商船もあり、寛政三年（一七九一）のアメリカ船レディ・ワシントン号、イギリス船アルゴノート号のような事件がおこった（横山伊徳『開国前夜の世界』）。

オランダの苦境とイギリスの進出

いわゆる「鎖国」の間、西洋諸国のなかで唯一日本との貿易を維持していたオランダは、一八世紀末から一九世紀初頭のナポレオン戦争により苦境におちいった。地球上でオランダ国旗がひるがえっていたのは、長崎出島だけだった時期もあるほどである。

フランス革命後にフランスによりオランダは征服され、フランスと敵対したイギリスは、東アジアにおけるオランダの重要拠点を接収していった。オランダ総督府があり、対日貿易の船を送り出すジャワ島のバタフィア（現・インドネシアのジャカルタ）もイギリスの支配下に置かれた。このため、オランダは長崎出島へ自国の船を派遣できず、アメリカなど中立国の商船をチャーターして、途切れがちにほそぼそと派遣する状態になった。対日貿易を独占していたオランダの弱体化の間隙をつくように、オランダ以外の国の船が長崎に渡来するようになった。

イギリスは、オランダ船の拿捕《だほ》を目的に、文化五年（一八〇八）八月に軍艦を長崎に派遺した。オランダ商館員を人質にして港内測量や食料などを要求し、当時の長崎奉行松平康英が責任をとって自害したフェートン号事件がおこった。しかし、文化一二年にナポレオン戦争が終結し、ウィーン体制が確立してヨーロッパに平和が回復した。オランダも独立を回復し、イギリスからジャワ島が返還されて植民地支配の再建を図り、文化一四年から自国の船による対日貿易を復活させた。この結果、日本の対外関係もふたたび安定するかにみえたが、日本の港や周辺海域に渡来する異国船は増加していった。その原因は、中国広東に向かう欧米の商船の増加とイギリスやアメリカの捕鯨船の登場だった。

イギリス・アメリカの捕鯨船

捕鯨は一八世紀に北極海や大西洋で、灯油やローソクの原料となる鯨油と鯨のヒゲの獲得を目的におこなわれていた。産業革命の進展により、夜でも工場を操業させるため、鯨油の需要が高まり、一九世紀に入ると南太平洋からさらに北太平洋にまで漁場を広げ、日本の太平洋岸は好漁場であることが知られた。イギリスやアメリカの捕鯨船は、本国を出ると三年近くも海上で操業するため、水や食料、とくに肉類や野菜・果物の欠乏に悩んでいた。欠乏する物資を入手するため、文政五年（一八二二）四月にイギリス捕鯨船サラセン号が浦賀に入港したり、沿岸で操業する日本漁船や沖合を航行する廻船と接触したり、沿岸に接近したりするようになった。

異国船の目撃や接触情報が頻繁に伝えられるなか、文政七年五月には、イギリス捕鯨船の船員が、常陸大津浜（現・茨城県北茨城市）に小船で上陸し、食料を求める事件がおこった。さらに同年七月、イギリス捕鯨船が薩摩藩領宝島（現・鹿児島県十島村。トカラ列島の一島）に渡来し、上陸した乗員が牛などを奪い取り、そのうちの一人が射殺される事件もおこった。

常陸大津浜事件では、水戸藩が捕らえた捕鯨船員一二名の尋問のため、幕府は代官古山善吉と通訳として天文方高橋景保《かげやす》の配下、足立左内（信頭《しんとう》。一七六九〜一八四五。天文方。ロシア語を修得）および吉雄《よしお》忠次郎（天文方詰めオランダ通詞《つうじ》。英語を修得）を派遣した。イギリス捕鯨船であること、欠乏した食料、医薬品を入手するため上陸したことなどが判明し、欠乏品を給与して解放した。宝島の事件は、薩摩藩から詳細な事実関係の情報報告が幕府に対しておこなわれた（『通航一覧』六）。

異国船対策の議論

このイギリス捕鯨船が引きおこした二つの事件に触発されて、幕臣からいくつか異国船対策についての意見書が出された。文政七年六月に林大学頭述斎、七月に天文方高橋景保、八月に勘定奉行遠山景晋、閏八月に目付大草高好《たかよし》の上申書や意見書が確認できる。なかでも、大津浜事件のさい配下の足立が通訳として派遣された高橋景保は、足立から詳細を聞き取ったであろう。その情報もふまえて、渡来するのは捕鯨船なので、沿岸要地に砲台を築き空砲で威嚇すれば渡来を防ぐことができる、と意見を上申した。幕府は、これらの情報と意見書などをふまえて異国船対策の再検討を始めた。

幕府は文政七年九月か一〇月初めに、異国船取扱い方針を再検討する委員会を設置し、目付系から大目付石谷清豊《いしがやきよよし》、目付羽太正栄《はぶとまさひで》、勘定系から勘定奉行遠山景晋、勘定吟味役館《たて》野勝詮《のかつのり》の四名に評議を命じた。四名は議論を重ね、一〇月二六日に報告書「浦々評議書」(「御書付並評議留」)を老中大久保忠真《ただざね》に提出した。

それによると、彼らは、幕臣らの意見書・上申書と風聞書を老中から下げられ(「向々より申し上げ候書面・風聞書ども御下げ成され」)議論した。この件に関連して収集した情報である風聞書には、①御庭番は、常陸大津浜事件のさいは派遣されなかったらしいが、文政元年五月にイギリス人ゴルドンが浦賀に渡来し貿易を求めたさいは派遣されている（深井『江戸城御庭番』）、②大津浜事件のさい、徒目付・小人目付はおそらく派遣されただろう、③大津浜事件のさい、勘定所普請役は派遣されている（「文天間記《ぶんてんかんき》」）ので、御庭番、徒目付・小人目付、普請役が収集した情報が含まれているだろう。

委員会は、大規模な海防態勢を構築するが穏便な異国船対応を主張する目付系と、簡便な海防態勢だが強硬な打払い策を主張する勘定系とが対立し、意見がまとまらなかった。そこで、両論併記のような答申書を提出することになった。そのため答申書の提出後、おのおの自らの意見を補強する上申書を差し出している。

結局、老中は、三奉行（寺社奉行・町奉行・勘定奉行の総称）と林述斎に答申書を下げて個々に意見を求め、そのうえで老中が評議して異国船打払令の発令を決定した。老中は、簡便な海防態勢だが強硬な打払い策を提案した勘定系の意見を採用したのである（藤田覚『近世後期政治史と対外関係』）。日本の沿岸に渡来する異国船は、その事情の如何を問わず砲撃して追い返す、というかなり乱暴で危険きわまりない政策に踏み切った。その危険性は、わずか十数年後に明らかになる。

2 異国船打払令の撤回とオランダ情報

オランダ風説書の重要性

天保一三年（一八四二）七月、約一七年間施行してきた異国船打払令は突如撤回され、漂流などにより渡来した異国船に薪水を給与して保護する、薪水給与令が発令された（『幕末御触書集成』六、六〇三三号）。この政策大転換には、オランダがもたらした秘密情報が大きな役割を果たした。

海外情報は、貿易のため長崎へ定期的に渡来するオランダ船と中国船がもたらすものがおもなものである。オランダ船がもたらす情報は「オランダ（阿蘭陀・和蘭）風説書」、中国船がもたらすのは「唐船風説書」と呼ばれる。このほかでは、日本と朝鮮との外交、日朝外交の実務を担う対馬藩経由で入る情報、中国と冊封《さくほう》関係にある琉球を実質的に支配する薩摩藩経由で入る情報があった。唐船風説書と対馬や琉球・薩摩藩経由の情報は、中国や朝鮮に関する情報がほとんどであり、地域が限定されていた。しかし、オランダ風説書は、世界各地のトピックを伝え、「鎖国」下の日本にもたらされた世界情報だった（『和蘭

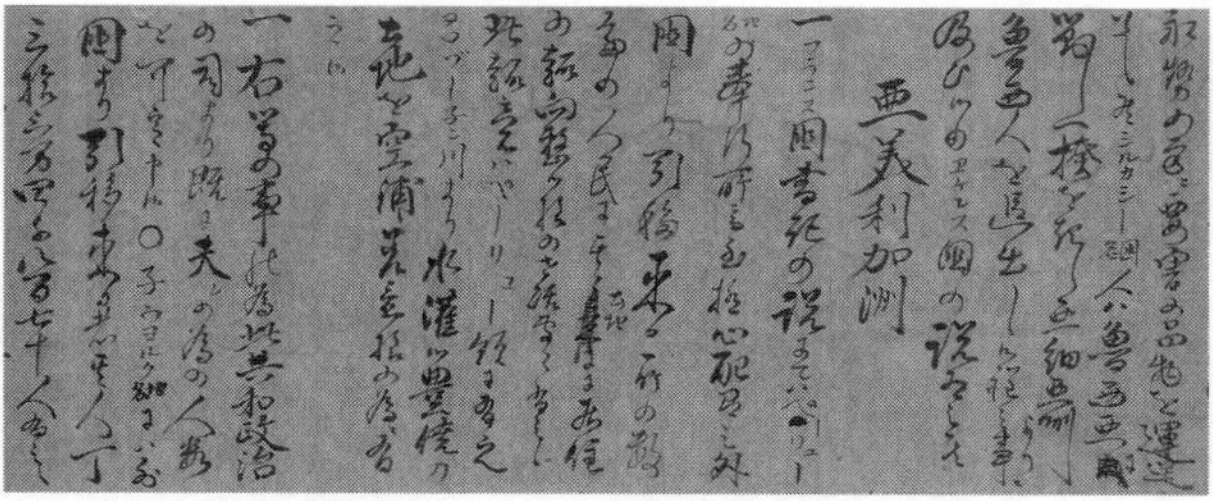

オランダ風説書　三条家文書　国立国会図書館ウェブサイト「江戸時代の日蘭交流」から

風説書集成』上・下）。

なお、通常の風説書のほかに、直接的に日本に関わりそうな情報を内密に伝える「オランダ別段風説書」もあった。秘密情報として重要な内容を含み、天保一一年（一八四〇）七月に伝えられたアヘン戦争情報以降、幕末に近づくほどその数が増えていった。

オランダ風説書伝達の手順

例年おおむね六、七月に、オランダ総督府のあるバタフィアから長崎出島に渡来する、オランダ船に乗船している新任商館長らが、バタフィアで入手した世界の出来事を情報としてもたらした。新任商館長らが出島に到着すると、オランダ通詞が商館長のもとに出向き、語られた世界の出来事を日本語で書き留め、それに商館長が署名して作成された。通詞はこれを長崎奉行に提出し、奉行が「刻付《こくづ》け状」、すなわち至急便で江戸に送付した。こうして、その年の世界十大ニュースのような情報ではあるが、この情報も江戸、江戸幕府に集中したのである。

このようなオランダによる情報提供の義務づけは、万治《まんじ》二年（一六五九）から公的なものになり、寛文六年（一六六六）から商館長の署名のある風説書が作成されるようになった。これにより「鎖国」下の幕府は、オランダ経由で世界の大きな出来事を知ることができた。

しかし問題は、出島のオランダ商館のなかで、新任商館長が口頭で話し、それを聞き取ったオランダ通詞が日本語で箇条書きのようなスタイルでまとめるという手順のため、長崎奉行へ、また日本側へ伝えると不都合な情報は、その場で握りつぶされることがあったことだ。つまり、オランダ商館側とオランダ通詞とが相談し、伝えると不都合と判断された情報は、長崎奉行、そして幕府へも秘匿されてしまったのである（松方冬子『オランダ風説書と近世日本』）。

アヘン戦争と別段風説書

アヘン戦争情報から始まる別段風説書は、通常の風説書と異なり、バタフィアのオランダ領東インド政庁内で作成され、出島のオランダ商館に直接送付された。そのオランダ語で書かれた文書を新任商館長がオランダ通詞に渡し、通詞が翻訳して長崎奉行に提出するという手続きだった（同前）。一般的な世界の出来事ではなく、アヘン戦争の推移に関する情報、中国とイギリスの条約などが伝えられた。直接に日本に関わる情報であり、幕府にとって非常に重要なものになった。

天保一三年の秘密情報

天保一三年六月に出島に到着したオランダ船二艘、ヨハネス・マリヌス号とアンボイナ号は、天保一二年分（この年は来日予定のオランダ船が途中で遭難し、長崎出島に渡来できなかった）と一三年分の別段風説書二通のほか、二つの情報をもたらした（「モリソン号事件関係記録」東京大学史料編纂所所蔵、歴史学研究会編『日本史史料』3）。①出島にいる現任の商館長グランディソンにあてた、かつて出島オランダ商館の秘書官（ヘトル）を務め、当時オランダ本国にいる元商館員からの手紙の一節、②新任商館長ピーテル・アルベルト・ビックの話である。

①は、アヘン戦争が日本の将来に及ぼす影響に関する、オランダ国内（あるいはヨーロッ

パ）の観測である。それによると、アヘン戦争は日本に大きな影響を及ぼすことになる可能性が高いので、日本は他国の出来事とのんびりしていられる情勢ではないとみられている、という情報である。通詞はその手紙をみせてもらい、一部を抜粋して翻訳した。

イギリス軍艦来日予定の秘密情報

②は、前年天保一二年に出島に渡来する予定だったが、途中で悪天候に遭遇し、中国マカオに漂着したオランダ船、ミッデルブルフ号に乗船していた新任商館長ピーテル・ビックが、マカオで入手した情報である。

ビックは、マカオに天保一二年八月から一〇月まで滞在し、その間に兵三、四〇〇〇人を率いるというイギリス軍人に逢ったさい、その軍人からアヘン戦争に関する話を聞いた。イギリス軍人は、ことによると軍艦を日本の海岸に派遣し、もし日本側から「不都合の取扱い」があれば一戦に及ぶ、と話したという。まとまりのない話だが、いま考えると日本にとって非常に重要なことだと思うので情報として伝えた、とビックは言う。

「不都合の取扱い」の最たるものは、言うまでもなく異国船打払令による砲撃である。ビックは、イギリスに軍艦を日本に派遣する計画があること、そしてその軍艦に日本側が砲撃すれば一戦を交えること、すなわち戦闘になることを情報として伝えたのである。

この情報を口頭で伝えられたオランダ通詞は、六月二三日、ビックに署名させた訳文を封書にして長崎奉行所に持参し、奉行の用人に提出した。奉行はこれを点検したうえ、その日の夜までに「刻付け状」で江戸に送付した。

長崎からの至急便がいつ江戸に着いて老中が読んだのか、はっきりしない。それより三〇年ほど前になるが、文化九年（一八一二）から文化一三年まで長崎奉行を務めた遠山景晋の日記（荒木裕行他編『長崎奉行遠山景晋日記』）から、長崎・江戸間の文書の到達日数をみてみよう。

幕府が公用の文書などを継送させた「継《つ》ぎ飛脚」による宿継ぎ便は、おおむね二〇日、民間の飛脚問屋が運んだ飛脚便である町便は、一〇日、一二日、一三日と幅があるものの、宿継ぎ便より早い。文化一一年七月二三日に長崎出島に着いたオランダ船に関する長崎奉行の御用状は、一五日間で江戸に着いた。この御用状は、オランダ風説書を送っていると思われるので至急便だろう。宿継ぎ便より五日間ほど早い。その御用状と同じならば、六月二三日出の至急便は、七月九日頃に江戸に着いただろう。

異国船打払令の迅速な撤回

幕府は天保一三年七月二三日（あるいは二四日）、異国船打払令を撤回し、薪水給与令を発令した（『幕末御触書集成』六）。日本の港・海岸にやってきた異国船は、たとえ日本人漂流民を送還してきた船であろうと、有無を言わせず打ち払う（砲撃する）政策から、異国船に仁政を施すため、不足する薪水（食料や燃料）などを給与する政策への大転換である。ただ、薪水を給与しても退去しない、あるいは不法を働く異国船を撃退するため、海岸防備を強化する、つまり、薪水を給与する穏便な対応をとりつつ防備を強化する、硬軟両面、ふた通りの対応を奉行や諸藩に求めた。

長崎奉行が新任商館長ビックからの情報の訳文を受け取ったのが六月二三日、訳文が江戸に着いたのが七月九日頃、幕府が薪水給与令を発令したのが七月二三日。つまり、老中は情報を入手してわずか一四日間で政策を一八〇度転換させたことになる。異国船打払令を発令するためにかけた手間暇と比べ、きわめて短時間で発令している。

幕府内部の政策決定の手順をみると、【諮問委員会の評議と答申書→三奉行の評議・大学頭林述斎の意見聴取→老中の評議→決定】というプロセスを経て決めた異国船打払令発令に対して、薪水給与令は幕府内部で評議をした形跡がみえない。天保一三年の時点で目付を務めていた浅野長祚《ながよし》は、異国船打払令撤回について、嘉永二年（一八四九）に執筆した「海防策再稿」のなかで、「これまったく群議をこらされざると三人の専断に出候ゆえ」と書いている。この政策大転換は、幕府内の政策決定の手順を踏むことなく、老中水野忠邦ら三人だけで決めてしまったという。幕府政治全般を監視し、よく知り得る立場にあった目付の証言なので、かなり正確なのだろう。

イギリスへの警戒と恐怖

アヘン戦争におけるイギリスの大砲の凄まじい威力や中国が劣勢であること、中国領土の一部が占領されたことなどの情報が、オランダ船・中国船から、刻々と伝えられた。

前肥前平戸藩主松浦静《きよし》（静山）が、文政四年（一八二一）一一月から書き始めた随筆『甲子夜話』に、年月不詳だが土屋七郎宛長崎出島乙名末次忠助の手紙がある。参考にすべきだと写されたものをさらに写したのである。そのなかに蘭館外科医ハーゲンの話、というのがある。

ハーゲンは外科医だが戦争にも出た経験がある者という。同人によると、海岸や山岳などの自然条件から、外国が日本を襲う心配はないが、イギリスが中国を支配するならば（「支那を手に入候はば」）、イギリスが日本を襲う恐れがあると指摘していた。

水戸藩主徳川斉昭は、天保九年に執筆した「戊戌《ぼじゅつ》封事《ふうじ》」のなかで、清国は大国なので「夷狄《いてき》」（西洋人）もなかなか手を出さない、朝鮮・琉球は貧弱な小国なので目もくれない、とすると最初に日本に手を出し、ついで清国に侵攻する、と考えていた（歴史学研究会編『日本史史料』3）。

「水野の三羽烏」の一人と言われた天文方見習の渋川六蔵は、天保一二年八月に水野忠邦に出した意見書のなかで、清国は敗北するかもしれない、万一敗北すれば、イギリスは勢いに乗じて日本に攻めてくるだろう、と書いている（『海舟全集』第二巻）。アヘン戦争の推移が日本の安全に大きな影響を及ぼすのではないか、というイギリスへの恐れが語られていた。

アヘン戦争は日本の教訓

なかでも老中水野忠邦は、天保一二年正月七日付で、当時佐渡奉行の川路聖謨に手紙を書き、そのなかで、清国がアヘン貿易を厳禁した処置の不手際からイギリスと戦争になり、領土の一部を占領されたという情報に接し、異国のことだが日本の教訓にしたい（「異国の義に候へども、すなわち自国の戒《いまし》めと成るべきことと存じ候」『日本史史料』3）と記していた。水野忠邦は、アヘン戦争を教訓とし、清国の二の舞いを避ける政策をとる決意を、天保一二年の年頭に披瀝していたのである。

もしも、アヘン戦争後にイギリスが軍艦を日本に派遣してきた時、異国船打払令に従って砲撃すれば、まさに「不都合の取扱い」になり、イギリスとの戦争・紛争を引きおこして中国の二の舞いになることが予想された。おそらく水野忠邦は、オランダ商館長の秘密情報をみて、肝を潰したのではないか。イギリスとの戦争・紛争を避けるためには、なにがなんでも一刻も早く異国船打払令を撤回する必要がある。それが、政策決定のプロセスを省いて、あっという間に異国船打払令を撤回して薪水給与令を発令した理由だろう。このように、オランダ商館長がもたらした秘密情報が、幕府の政策大転換の直接的原因になったのである。

天保一三年一〇月に薪水給与令を知らされた商館長ビックは、それについてバタフィアのオランダ総督に報告した。そのなかで、「私は、この［日本の］海岸に現れて来るそれら［列強］の船舶が、彼等［日本］の側から無礼な扱いしか受けないとすれば、ヨーロッパ列強との衝突が起こるかもしれないという幕閣の恐怖を明らかに読み取ります。その［衝突の］場合、経験を欠く彼等の勇敢さは、多くの場合、より効果的かつ経験豊富なヨーロッパの軍事技術におそらく太刀打ちできないだろうとの確信を、前述の報告［別段報告書］から得たかもしれません」と書いている（松方前掲書）。アヘン戦争に関わる情報から、幕閣が外国船に対する「無礼な扱い」が戦争を招くことに恐怖を抱いた、と的確に指摘している。

3 漏れる情報と隠される情報

漏れる情報

新任商館長らが口頭で伝え、それをオランダ通詞が和文で作成する「オランダ風説書」は、封書にして長崎奉行に提出され、奉行から江戸に送付されるので、その過程では情報が漏れることはないようにみえる。しかし、かなりの数の「オランダ風説書」が各地に伝存している。つまり、「オランダ風説書」による海外情報は、幕府が独占し秘匿できたわけではなく、幕府の外にかなり漏れていたのである。風説書を作成するオランダ通詞の手元には、その下書きや写しが残されていた。これが流出したのである。それには、通常の風説書のみならず、別段風説書も含まれている。

その原因はオランダ通詞にあった。オランダ通詞は、おおむね三〇家ほどが世襲していた。その数は、一九世紀以降で五〇人前後いた。身分的には町人身分だが、長崎の地役人《じやくにん》という地位にあった。一八世紀末頃に長崎奉行所からの役料は、オランダ通詞の職階の最上位にある大通詞《おおつうじ》で五人扶持（米九石）と銀一一貫目（銀六〇目＝金一両の両替で約金一八三両）、小通詞《こ》が三人扶持（米五・四石）と銀五貫三〇〇目（約八八両）だった。大通詞ならば、年間約二〇〇両ほどの役料が支給されていたが、通詞たちは高価な洋書を自費で購入したので、役料だけでの暮らしは難しかったといわれる。

その一部を補うのが、長崎に蔵屋敷を置き、長崎奉行所との連絡調整にあたった藩士を聞役《ききやく》として常駐させていた、九州諸藩・長州藩との「館《たち》入り」（「屋敷入り」「立入り」とも表記し、「たちいり」「やかたいり」と読む）関係だった。長崎港を隔年で防備する役務を負う佐賀藩と福岡藩はもとより、長崎で異変がおこれば出兵する義務を課された九州諸藩と長州藩は、海外情報を必要としていた。そのため、オランダ通詞と「館入り」関係を結び、通詞からの情報提供と見返りとしての経済的援助という関係を維持していたのである。この関係を通して、「オランダ風説書」は大名家など幕府の外に漏れ出したのである。これは、オランダ通詞からの情報漏出である（以上、木村直樹『〈通訳〉たちの幕末維新』）。

一部に公表された秘密情報

漏れ出したのではなく、幕府が一部に限って公表した秘密情報もあった。

有名なのは、ペリー来日の予告情報である。アメリカ東インド艦隊司令長官ペリーが浦賀に来航したのは、嘉永六年（一八五三）六月三日のことだが、日本人にとってまったく突如として姿を現したわけではなかった。前年六月一〇日にオランダ商館長ドンケル・クルチウスから提出された別段風説書に、来年、開国を要求するためペリー艦隊が来日する、と予告されていた。

幕府はこのペリー来日を予告する情報に接するや、対外政策を審議する委員会である海防掛や長崎奉行をはじめとする関係諸役人に、対応策を諮問するとともに、長崎港の警備を担当していた佐賀藩と福岡藩、琉球との関係で薩摩藩、江戸湾の警備を命じられていた会津、彦根、川越、忍の四藩、さらに浦賀奉行にこの情報を公開した。上記の幕府役人や諸藩、長崎のオランダ通詞たちを通して、その情報は広く伝えられた（青木美智男「ペリー来航予告をめぐる幕府の対応について」）。

朝廷には幕府からの情報伝達はなかったが、御三家の一つ前水戸藩主徳川斉昭から、「密報書」の形で関白鷹司政通《たかつかさまさみち》に情報が伝えられていた（沼倉延幸「関白鷹司政通とペリー来航予告情報」）。おそらく、鷹司政通から朝廷内の公家たちの一部に漏らされていただろう。

ペリー来日情報は、来日前年に幕府から一定範囲には公表され、幕府内部では対応策が議論されていたものの、有効な対応策を立てることはできなかった。翌嘉永六年六月、ペリーが来日すると、幕府はアメリカ大統領国書を諸大名や幕臣に広く公表し、対応策の意見を求め、朝廷にも正式に報告した。対外情報については、それ以前の方針と変わり、広く公表するようになったのである。

オランダ通詞により隠された情報――イギリスの出島乗っ取り未遂事件

オランダ通詞からの情報漏出の一方、オランダ通詞により情報が秘匿され、幕府がつかめなかった重大情報もあった。

文化一〇年（一八一三）六月二七日、白帆の船二艘（シャルロッテ号とマリア号）がみえ、オランダ船らしいとの注進があった。翌一八日、オランダ船に疑わしいところはなく、四年ぶりのオランダ船二艘の渡来と思われた。しかし実は、イギリスが派遣した偽装オランダ船だった。オランダの植民地ジャワを占領し、副総督になったトーマス・ラッフルズ（一七八一〜一八二六）が、イギリスと日本との貿易再開を企図し、長崎出島のオランダ商館を接収しオランダに代わって日本貿易をおこなうため、前オランダ商館長ワルデナール（一七六五〜一八一六）らを派遣したのである。文化五年（一八〇八）、オランダ国旗を掲げたイギリス軍艦フェートン号が、オランダ船の拿捕を目的に長崎港に侵入し、商館員らを人質にして薪水を強要し、責任をとって長崎奉行松平康英が自殺したフェートン号事件の悪夢の再来である。

これらの背景には、ナポレオン戦争によるヨーロッパ発の世界情勢の変動があった。オランダには、フランス革命後、フランス軍が侵攻した。一七九五年（寛政七）にフランスの傀儡《かいらい》政権バタヴィア共和国が成立（一八〇六年〈文化三〉ナポレオンの弟ルイが国王になりオランダ王国、一八一〇年フランスに併合）し、フランスと敵対するイギリスの敵国になった。また、イギリスに亡命したオランダ総督ウィレム五世が、オランダ海外領土の管理権を一時イギリスに譲ったため、イギリスがオランダ植民地を接収する名分を与えた。地球上でオランダ国旗がはためいていたのは、長崎出島だけという事態になった。

オランダはフランスとイギリスの世界的規模の対立抗争に巻き込まれ、東アジア貿易の拠点バタフィアも混乱し、オランダ船を長崎出島へ送るのが困難な事態になった。寛政七年（一七九五）から文化一四年（一八一七）の間にバタフィアから長崎出島に送った船は二〇艘、そのうちオランダ船は五艘、残りはおもに敵対する英仏の中立国であるアメリカ船籍のチャーター船だった（中立国傭船《ようせん》時代と呼ばれる）。しかも、文化五、七〜九、一二、一三年は一艘も出島に来なかった。文化一〇年六月に長崎出島に渡来したオランダ国旗をひるがえした二艘は、実に四年ぶりの待望の船だったのである。

秘匿された情報——商館長と通詞の結託

当時の出島のオランダ商館長ドゥフ（ドゥーフとも表記）は、享和三年（一八〇三）から商館長を務め、オランダ船が渡来しない困難な状況のなか商館の維持に苦心していた。ドゥフは、ワルデナールの商館引渡し要求を拒絶し、バタフィアはイギリスに占領され、渡来船はイギリス船である、と事の真相を長崎奉行に報告するよう大通詞らに求めた。しかし、大通詞の石橋助次右衛門・中山作三郎・名村多吉郎・本木庄左衛門と小通詞馬場為三郎の五名は、奉行に真相を報告すれば、奉行は二艘のイギリス船を焼き払い、乗員を皆殺しにして奉行は切腹、通詞らも切腹しなければならなくなり、オランダ人も追放される事態になると説いて、思いとどまるよう説得した。ワルデナールたちも、懸念される事態を回避するため出島乗っ取りを断念した。

結局、ドゥフと大通詞らの合作により奉行に真相を隠し、オランダ船であるかのように偽装して粛々と貿易業務を進めた。そして、何ごともなかったかのように、九月一八日と一九日に二艘の偽装オランダ船は長崎を去った。

つまり、オランダ船と思われた船はイギリス船で、しかも出島乗っ取りのために渡来したという、きわめて深刻な事態だったが、商館長とオランダ通詞の談合により真相は隠された。このワルデナール事件の真相は、商館側と通詞にとってきわめて不都合な内容だったのである。

長崎奉行は真相を知らなかったか

当時の長崎奉行遠山景晋は、まったく真相を知らず、騙され続けたのだろうか。ドゥフと大通詞らとで隠蔽工作が合意された翌日の六月二九日、大通詞らは、オランダ風説書などを提出したさいの奉行と属僚たちの様子を、「非常に喜んでおり、そして何の疑いも懐いていない」（『長崎オランダ商館日記』五）とドゥフに伝えた。

だが遠山は、「かぴたん格」とは何か、三年も渡来しなかった理由、「べんかる舟」借用の理由を詳細に説明するよう求めるなど、まったく疑念を抱かなかったわけではない。そして、七月一〇日から晦日まで二一日間も、症状は不詳だが体調不良（「不快」）になり、日記の記事がほとんどなくなっている。勘繰れば、「政治的病気」だったかもしれない。八月四日に、江戸からなにがしか内偵する件（「紅毛内探の一件」）について連絡があった。おそらく、渡来船について何らかの疑念を感じた景晋が江戸に問い合わせ、内偵することになったのかもしれない。

遠山は、八月六日に代官高木作右衛門と大通詞石橋助次右衛門、七日に通詞目付茂伝之丞と大通詞本木庄左衛門、八日に大通詞中山作三郎に、それぞれ内偵するよう直接に指示した。具体的な内容はわからないが、遠山が何らかの疑いを持ったことを示すのだろう。ただ、代官高木と通詞目付茂以外の大通詞三人は、隠蔽工作の共謀者なので、どこまで内偵の実が挙がったのかわからない。もしも真相が明るみに出たら、遠山は大通詞たちが予想した通りの行動をとったかもしれない。

八月二三日に遠山景晋は出島を訪れ、ワルデナール、新任商館長になるはずのカッサ、そしてドゥフの三人に面会したが、おかしな点はなかった（「替わる儀なし」）と日記に記している。九月一九日の新任長崎奉行牧野成傑《しげたけ》との事務引継ぎのさい、八月八日付で勘定奉行柳生久通《ひさみち》と連絡を取り合いながら探っていたことを伝えている。幕府は、フェートン号事件以来イギリスへの警戒を強めており、不審な動きをイギリスと関連づけようとする発想がある。ドゥフが文化一〇年一〇月に、幕府側の質問に内密で答えた文書のなかで、近世のイギリスと日本の貿易関係とその断絶の歴史を述べるのもその表れである（鈴木康子「一八世紀後期——一九世紀初期の長崎と勘定所」）。

また、遠山景晋が帰府し老中牧野忠精《ただきよ》に面会したさい、牧野から、オランダ船の件について送った景晋の内密書で事情がわかり、将軍が安心した様子だったと聞かされている。これによると、老中への報告は真相をとらえた内容ではなかったのだろう（以上、『長崎奉行遠山景晋日記』）。

二度目の出島乗っ取り未遂事件

なお、翌年文化一一年にも、イギリスによる二度目の出島乗っ取り策謀があった。この年六月二三日に長崎に入港した「オランダ船」は、実はイギリスが出島乗っ取りのためにふたたび派遣したシャルロッテ号で、新商館長としてカッサが乗船していた。前年のワルデナール事件と同じ構図だった。ドゥフは前年と同じ対応を取り、出島の引渡しを拒絶した。しかし、カッサと組んだ二人の大通詞の策謀により、ドゥフは危地に追い込まれそうになったが、真相を長崎奉行に伝えるという例の脅しを交えて巧みに切り抜けた。そして、何ごともなかったかのように、「オランダ船」は長崎を出港した。このイギリスによる二回目の出島乗っ取り未遂事件も、情報が秘匿され幕府は真相を知る由もなかった。

オランダ通詞とオランダ商館長が談合し、知らせると不都合と判断された情報は、幕府には伝えられず闇に葬り去られてしまう。アヘン戦争以降、別段風説書はオランダ語の原本を提出させるようになったのは、重要な情報が闇に葬られるのを防ごうとする幕府の意図が込められているのだろう。

オランダからの海外情報は、一方で幕府が隠そうにもオランダ通詞から漏出し、他方でオランダ通詞らによって幕府にも隠されてしまうものもあった。しかし、アヘン戦争情報にみるように、その情報により幕府はそれなりに的確な判断を下し、政策転換を図ることもあったのである。

第六章

「敗戦」という不都合な事実の拡散

――文化露寇事件の情報と政治

1 文化露寇事件とは

早馬による情報伝達

文化四年（一八〇七）六月下旬の暑いさなか、奥州道中を二頭の早馬が鞍につけた鈴の音を響かせ、馬上の二人の大声とともに駆け抜けていった。馬に跨《また》がっていたのは、箱館奉行所の同心大貫専右衛門と天野喜右衛門の二名だった。彼らは、箱館奉行の羽太正養《まさやす》が江戸の老中に大至急で伝える情報の書かれた注進状を届ける任務を帯びていた。

二人の同心は、六月一九日に箱館（現・北海道函館市）を発ち、松前（現・北海道松前町）から津軽海峡を三厩《みんまや》（現・青森県外が浜町）に渡り、そこから奥州道中をひた走りに南下し、六月二六日に江戸に到着した。これは、当時としては驚異的な速さだった。羽太正養が後年まとめた『休明光記』（『続々群書類従』第四　史傳部）によると、二二〇〇余里（約八〇〇キロメートル）の行程を七日半で達したのは、人間業《わざ》とは思えない早さ（「格別神速《しんそく》」）だと幕府は讃え、両名に褒美として銀二枚（銀二枚は銀九六匁、約一両二分に相当）、さらに箱館御用金から三両ずつを下されたという。幕府の褒美は合わせて、一人約四両二分ということになる。

ちょうどその時、文化四年六月に幕府の命により蝦夷地に出張した目付の遠山左衛門景晋は、紀行文『続未曾有後記《ぞくみぞうこうき》』（国立公文書館所蔵）のなかで後日に聞いた話として、「二騎の卒《そつ》、十九日三厩に渡海し、即時に馬を乗出すより昼夜馳通《はせとお》し廿七日に江都《えど》に至り、政府の許《もと》に表状を捧《ささげ》るまで片時も気たるまずとか、心も剛に身も健なること、乱世のむかしも聞も及ばず、昇平の今日ことに及びなき勇士なり、その粉骨誉《ほめ》るに余り有、政府にもとりあへず恩賞給いぬと聞」と特記している。このような昼夜兼行の早馬は、戦国の世にも聞いたことがなく、二名の同心の「剛健」ぶりを「勇士」と讃えている。

驚くべき迅速さで伝えた情報は何だったのか。

ロシア軍艦による北方攻撃の続発

文化露寇事件（フヴォストフ事件とも。広義には、文化三年から同一〇年まで続くロシアとの北方地域における紛争状態をさす）とは、文化三、四年（一八〇六、七）におこった、ロシア軍艦二隻による北方攻撃である。文化三年九月、カラフト島のクシュンコタン襲撃（事件A）、翌文化四年四月、エトロフ島のナイボとシャナ攻撃（守備していた南部・津軽藩兵と交戦して日本側が敗走、箱館奉行所の下級役人が自殺。事件B)、同年五月、カラフト島のオフイトマリ攻撃などがおもなものである。

事件の発端は、文化元年九月に、第二回ロシア遣日使節のレザノフが対日通商を求めて長崎に来航したが、幕府が翌年三月その要求のすべてを拒絶したことにある。

第一回のロシア使節ラクスマンは、寛政四年(一七九二)九月に、漂流民大黒屋幸太夫《こうだゆう》らの送還を兼ねて対日交渉のため、ネムロ(現・北海道根室市)にやってきた。幕府は、長崎港への入港許可証である信牌《しんぱい》を交付し、もし長崎に回航してきたならば通商を許可する覚悟までしていた。にもかかわらず、一二年後に来日したレザノフへは、全面的な拒否を回答した。この結末をうけてレザノフは、日本に通商を認めさせるには武力の行使が必要と判断し、帰途、オホーツクにいた海軍士官らにその旨を伝えたため、事件はおこったのである(レザノフはその後、指示を取り消したが、それが伝わる前に攻撃が始まってしまったという)。

事件Aの情報は、松前藩から箱館奉行所へ伝えられ、箱館奉行の羽太正養は文化四年四月一一日付の注進状を幕府に送り、四月二一日か二二日に江戸に着いた。この注進状も、一〇日か一一日間で箱館から江戸に着いたので、これも当時としては異例の早さだった。注進状は驚くべき早さで着いたが、幕府は、前年九月の事件を翌年四月、つまり約七か月後まで知らなかったのである。当時、ソウヤとカラフト島の間は、九月から翌年三月まで、氷により交通が途絶するという事情があったので、この遅延はやむを得ないことだった。

松前藩江戸藩邸から四月二一日、南部藩江戸藩邸からも四月二二日に、事件Aに関する届書が幕府に提出され、幕府はこれによっても事件Aを知った。事件Bも、箱館奉行のみならず、松前藩、南部藩、津軽藩などからの届書によって幕府は情報を得たのである。

2文化露寇事件の情報

全国に飛び交う情報

この事件に関する情報は、それこそ全国各地に関係資料が残されていることからわかるように、まさに津々浦々に伝播した。江戸時代も一九世紀初頭になれば、情報の伝達、拡散は迅速かつ広範囲になっていたのである。

それは、おもに三つのルートによって全国に流布した。

①諸藩の江戸藩邸からの情報。江戸藩邸では、情報を持っている幕府や松前藩・南部藩・津軽藩などから、さまざまな手蔓《てづる》を使って収集し、国元にそれを情報として送っ

たので、この事件情報が全国各地に伝播する大きな要因になった。この情報は公的な届書だったため、正確だがなまなましさに欠け、事件の実相をどこか理解しにくい。

②蝦夷地に派遣されている幕臣と箱館奉行所に現地雇用された要員、および諸藩士が発信した情報。箱館奉行所は、幕府が享和二年（一八〇二）二月に新設した蝦夷地奉行を、同年五月に改称して成立した新しい奉行所である。その奉行所の役人である調役下役には、情報収集の専門家である普請役、徒目付、小人目付から多数が任用された。このルートから、事件に関する確度の高い蝦夷地情報が、幕府に伝えられていた。また、箱館奉行所の幕臣や現地雇用の要員、および蝦夷地防備にあたっていた南部藩や津軽藩の藩士は、留守家族や知人に手紙などにより現地情報を伝え、その留守家族や知人からさらにその外側に情報が拡散していった。この情報は、現地在勤者、在住者ならではの正確さのうえに詳細で、なまなましく伝えている。

③商人ルートの情報。松前、江差、箱館湊には、北前船《きたまえぶね》を代表とする各地の商人が入り込んで、蝦夷地の産物を内地へ、内地の物産を蝦夷地に運んで商売していた。蝦夷地の奥地には、松前藩から請け負ってアイヌと交易している、多数の場所請負商人とその使用人たちがいた。彼らが現地で得たさまざまな情報は、商人の取引ルート、物流

ルートを通じて全国各地に伝えられた。この情報は、迅速かつ広範囲に拡散する特徴があり、加えて、幕府や藩の枠から外れ、権力の統制が利かなかった。

③のルートの情報には、不正確で事件の実態とかけ離れ、大げさに伝えるものも多かった。蝦夷地というあまり馴染みのない、はるか遠い地の出来事だけに、多くの人びとは、どれが正確でどれが誇大な情報なのか、判断できる知識を持ち得なかった。そのため、不確かな噂がまことしやかに語られ、人びとの不安や恐れを増幅させた。

荒唐無稽な情報の流布

これらの情報が入り乱れて、江戸のみならず全国に拡散していったのである。事件Aの情報から始まり、とくに事件Bの情報が伝わるや、雑説《ぞうせつ》沸騰という事態が生まれた。事件Bで日本側のエトロフ守備兵がロシアの攻撃をうけて敗走したことは事実だが、これに尾ひれが付いて誇大に伝えられたのである。

情報としては、①ロシア軍は青森まで進出し一郡を焼き払った、②ロシア軍は津軽海峡を封鎖し蝦夷地をすべて占領した、③松前・箱館で合戦があり、幕府兵が敗北し奉行も吏員も捕虜になったなど、虚説だがなんとも悲観的な「戦況」の噂が流れていた。

このほか、ロシアの軍艦は四、五〇〇艘、津軽海峡が封鎖された、諸藩の廻米船が襲われた、松前藩家老がロシアに寝返った、カラフト島周辺に異国船五、六〇艘などとも噂された。江戸では、文化四年四月下旬から噂が流れ、しばらくはこの噂で持ち切りになったらしい。京都でもこの事件の噂ばかりになり、不吉な歌詞の入った唄がはやったという。

事実は、わずか二隻の軍艦による攻撃だが、それが大規模な攻撃で、しかも悲観的な戦況になっていると噂されたのである。「むくりこくり（蒙古高句麗）」、すなわち人びとの記憶の深層に潜む、元寇《げんこう》を思い出させる大騒動になった（平田篤胤『千島の白浪』が、多くの情報を書き留めている）。

幕府批判と御威光の失墜

荒唐無稽な噂も、あちらこちらから聞こえてくると、本当のことのように思えてくる。人びとの不安な心理の広がりは、為政者にとって不気味である。そしてさらに困ったことに、真相とはかけ離れていても、人びとが信じ始めているような「事態」を招いた為政者の責任を問う声、あるいは為政者への批判が出始めた。

幕府への批判は大きくいって二つあった。その一つは、文化四年四月に、エトロフ島には箱館奉行所の役人が詰め、さらに南部・津軽の両藩兵も防備のために布陣していたにもかかわらず、ロシアの攻撃をうけて総崩れとなって敗走し、箱館奉行所調役下役戸田又太夫が自殺した、という情報が引きおこした波紋である。

外国との軍事的衝突に敗北した事実は、「異民族を征伐する」のが任務である征夷大将軍の権威、威光を大きく傷つけるものだった。そのため、日本は開闢《かいびゃく》以来、他国人に負けたことのない国なのに、エトロフ島で大敗を喫したのは「日本国の大恥」「誠に誠に日本の恥、この上なき恥」とまで非難されている（『藤岡屋日記』第一巻、前掲『千島の白浪』）。また、「沙汰の限り」「異国の物笑い」とも批判された（『村上市史』資料編2近世）。これは、将軍・幕府への厳しい非難だった。

もう一つは、ロシアと紛争を引きおこす結果になった幕府の対ロシア外交の失敗への批判である。著名な蘭学者の杉田玄白は、ラクスマンへは信牌（長崎への入港許可証）を渡して暗に通商を認めるような回答をしながら、その信牌を携えてやってきたレザノフへは拒絶したのは「前約違反」である。ロシアはそれを攻撃の口実にしたのであり、長崎での幕府の応対は「夷狄」ながら大国ロシアに対して無礼、と非難した（『野叟《やそう》獨語』）。若年寄堀田正敦の家臣山田綱二郎が、「政府前に納れ後《い》に絶つ」と言ったのも同じことである（『予見録』）。ロシアの攻撃、紛争は、幕府の対露外交の不手際が原因という批判である。

一方的にロシアに攻撃されエトロフ島で敗走したことは、幕府・将軍の武威・威光を大きく傷つけ、権威を失墜しかねない危機にあった。さらにその外交の失敗すら批判されていたのである。

3　情報の開示と統制

情報の一部開示と雑説禁止令

幕府のお膝元の江戸では、この事件の噂で持切りになり、人びとの不安が高まっていた。この間、幕府はこの事件について一切の情報を公表しなかったため、諸藩からは幕府が情報を隠しているとみられていた。幕府は、雑説が沸騰し、幕府批判まで出るに及んで、この事態を打開するため、一方で事実を公表し、他方で統制する策に打って出た。それが、文化四年六月一〇日におこなった、情報の一部開示と雑説禁止であった。

この日に触書を出し、四月下旬にエトロフ島のナイボとシャナの番屋と会所が、二艘のロシア艦により攻撃をうけ、勤番士がロシア人五、六人を打ち殺したものの、防御できず撤退したこと、五月中旬に怪しい異国船が南部・津軽・箱館沖へ接近した事実を公表し、これ以外は別条ない、と市中に触れた（『御触書天保集成』下、六五三六号）。

エトロフ島の事件については、敗北した事実を取り繕って伝えているが、撤退した事実は開示した。事実と異なるさまざまな風聞・噂に対して、事実はこれだけ、と示してうち消し、事態の沈静化を図ろうとしたのである。

そして同じ日に、江戸の町奉行所は、市中において無益な雑談や風評をする者がいるので、以後、蝦夷地に関する噂をしてはならない、という雑説禁止令を出して取り締まろうとした（『通航一覧』七）。つまり幕府は、一定の情報の開示と雑説の禁止をセットにして出し、世情の沈静化を図ったのである。

実情把握のため若年寄らを蝦夷地派遣

幕府は文化四年六月六日、若年寄堀田正敦、大目付中川忠英《ただてる》らを蝦夷地に派遣すると発表した。若年寄と大目付が蝦夷地見分に派遣されることは、異例中の異例だった。この発表は、蝦夷地の騒動は大事件なのだと人びとに直感させ、噂を増幅させてしまった。幕府としては、箱館奉行所と南部藩・津軽藩などからもたらされる情報では、なかなか事件の実相を把握できなかったのだろう。とくに、ロシアがなぜこのような事件をおこしたのか、その真意をはかりかねていた。そして今後、どのような攻撃をしてくるのか、まったくわからなかった。要するに、幕府にとって真相はまだ闇の中だった。

4 ロシアの真意をつかむ情報収集

オランダ商館長に照会

幕府は文化四年（月日不詳）、長崎奉行を通じて出島のオランダ商館長ドゥフに、この件を問い合わせている。オランダ商館長ドゥフの秘密日記の一八〇九年（文化六）一〇月一三日に、「一八〇七年の将軍の命令、すなわち、一八〇六年秋にロシア人が当時日本の北辺においてとった敵対行為は、ロシア皇帝が事前に知った上でのことだったのか、また何がしかロシア人についての風聞はないかを知らせるため、ヨーロッパにおいて密かに探索せよ、との［幕府の］命令に」（『長崎オランダ商館日記』四）と記されているように、幕府がとくに判断に迷っていたのは、この攻撃がロシア皇帝の命令によるものなのか、出先の軍人が勝手にやっているものなのかだった。もしも皇帝の命令による攻撃ならば、今後の大規模な攻撃が予測される。

なお、この幕府の問合せへのオランダ商館長の回答は、やっと六年後の文化一〇年七月六日に伝えられた（同前五）。幕府にとって、このような事態にさいして海外情報を入手する手段が、オランダの存在だった。この点に、幕府がオランダとの関係を維持する根拠の一つがあった。

情報の一定の開示と統制を打ち出したものの効果はみられず、ますます不穏で悲観的な情報が拡散していった。そこに飛び込んできたのが、本章冒頭で紹介した六月二六日の夜に江戸に到着した早馬がもたらした情報だった。

解放された番人らの情報

ロシア艦は、文化三年九月から翌年四、五月にかけてカラフト、エトロフを攻撃したさいに、日本人の「番人」七名を捕らえた。艦に乗せたまま各地を廻っているうちに、番人の中にはかなりロシア語を理解できるようになった者もいて、さまざま会話するなかで、なまなましい情報をつかんでいった。

文化四年六月五日に、リシリ（利尻）島でロシア艦から解放された七名は、やっとのことで六月六日にソウヤ（宗谷）にたどり着いた。彼らは、ソウヤに詰めていた幕府役人の深山宇平太に、ロシア艦中で知り得た秘密情報を伝えた（その情報の詳細は、文化四年八月に箱館奉行が取り調べ、「ヲロシヤ船より帰帆いたし候唐太・エトロフ番人共口書《くちがき》」としてまとめられた。全文は「魯人再掠蝦夷一件」二）。

ソウヤ詰め深山宇平太は、番人たちが口頭で伝えた情報を記した書状とロシア側が番人らに渡した書翰を、六月八日付で箱館に送り、六月十九日朝、箱館に着いた。ロシア人と一〇か月ほど行動をともにしていた番人がもたらしていた情報だけに、詳細かつ具体的で、幕府が喉から手が出るほど欲しかった内容だった。箱館奉行は、その日のうちに概要を記した六月一九日付の注進状を、早馬で江戸に送ったのである（同前一）。

早馬注進状の情報と開示

早馬で伝えられた情報の骨子は、つぎの通りであった。

①ロシア側の要求は通商許可のみ。

②ロシア艦は、一〇〇〇石（約一〇〇トン）積みと三、四〇〇石積みの二艘、乗員は合わせて五、六〇人程度。
③今年はもはや帰国の予定。
④通商要求を拒否するなら来春大軍を派遣する予定。

幕府はこの情報から、ロシア側の真意、攻撃している艦と兵員の規模、今後のロシア側の予定を知ることができた。幕府は、ひとまずほっとひと安心、というところだっただろう。幕府は、この情報を得た翌日、早くも、④を隠し、①②③の三点を盛り込んだ触書により情報を公表した（『御触書天保集成』下、六五三七号）。この迅速さは、早馬がもたらした情報が幕府にとっていかに重要なものだったのかを物語る。

箱館奉行は、この情報をもたらした番人七名に、知り得たことを決して口外してはならないと箝口令《かんこうれい》を敷いた。幕府はこの秘密情報を独占し、外部に漏れることを阻止するとともに、幕府にとって都合のよい情報を開示し、事態の沈静化を図ったのである。

幕府は、番人の情報にあった④に備えるため、それまで南部・津軽・秋田・庄内藩などに出兵を命じて蝦夷地各地で備えさせていたが、これを撤兵させ、文化五年正月に、蝦夷地を二分して東蝦夷地を仙台藩、西蝦夷地を会津藩に防備するよう命じた。要求を拒否するならば来春に大軍を派遣する予定、という威《おど》しのような情報が確かであれば、大変な事態になることが予想され、不測の事態に対処するため、東北の大藩・強藩による防衛に切り替えたのである。

文化露寇事件の情報と政治

文化露寇事件では、幕府は情報を秘匿していたが、商人ルートによる情報の拡散が激しく雑説沸騰の状態となり、情報を制御できなかった。しかも不正確で、実態とかけ離れた誇大な情報が多かったため、人びとの不安を増幅させ、幕府への批判も登場し始めるなど、幕府は権威や威光に傷を負った。

そこで幕府は、一定の情報を開示するとともに、雑説禁止令を出して情報統制を図った。結局、幕府だけが知り得たロシア艦から帰還した番人の秘密情報をもとに、都合のよい情報を開示することにより、雑説沸騰の事態を終息させていったのである。幕府は、番人がもたらした秘密情報を独占的に入手し、人心の著しい不安、不穏な世情、そして幕府批判を切り抜けていったのである。

終章

インテリジェンスの大失策が幕府の命取りに！

——天皇・朝廷情報の収集

1 横目付の情報収集

うようよいる横目

幕府は、天皇・朝廷を幕藩体制という新たな政治体制のもとに組み込んで、固有の役割を担わせて維持しようとした。幕府の統制（コントロール）の範囲内にその行動を押し込めるため、幕府は禁中《きんちゅう》幷《ならびに》公家中諸法度を定め、天皇・朝廷を監視していた。朝廷との連絡・調整のため京都所司代をおき、所司代は天皇・朝廷の動向に関する情報の収集にあたっていた。

第一〇八代天皇の後水尾《ごみずのお》（一五九六〜一六八〇。在位は一六一一〜二九）は、寛永二〇年（一六四三）に即位した子の後光明《ごこうみょう》天皇（在位一六四三〜五四）に、自らの体験に基づいて、現状の認識と天皇・公家の生き方を説諭した（「御教訓書」）。

そのなかで、つぎの通り述べている。

①今は武家が支配する世なので、天皇だからといって、宮中のことすらかつてのように

処理できないから、万事に気を付け控えめに振る舞うことが重要である。
②幕府の密偵である横目《よこめ》（横目付）がたくさん京都に入り込んでいるので、旅人の噂にのぼるより早く天皇などのことが江戸で噂になっているそうだ。
③天皇の為にならない噂が幕府内で議論になると、天皇一人ではなく、上皇そのほか多数の者に難儀がふりかかることになる。

天皇であるわが子に、江戸幕府の圧倒的な力を前にして、非力な天皇は身を慎んで生きてゆくことを教え諭しているのである。②に横目が出てくる。横目、正確には横目付であるが、江戸幕府にはそのような役職はない。おそらく、徒目付や小人目付、それに類する隠密な情報収集役人のことだろう。その部分は、「当時は横目とやらんあまた打ち散じ候て、何事も行人《こうじん》の口にのり候はぬ已前《いぜん》に、そのまま江戸の取り沙汰に及び候由に候」と書かれている。禁裏御所内や周辺にたくさんの幕府の横目が入り込んでいて、天皇に関するよからぬ情報は、京都の道行く人びとの噂になるより早く、横目が聞きつけて通報し、江戸で噂になっているそうだ、と解釈できる。つまり、幕府は横目を使って天皇自身を監視している、という厳しい現実を語っているのである。

この教訓は、譲位の意思が幕府に何度も阻まれ、また、家康の孫で秀忠の娘和子《まさこ》（後の東福門院《とうふくもんいん》）の入内《じゅだい》が、四辻公遠《よつつじきんとお》の娘（「およつ御寮人《ごりょうにん》」）とのあいだに皇女二人が誕生したことが漏れて何度も延期になった、という後水尾上皇の体験に基づいている。このようなことは、禁裏御所の外に漏れるより早く、幕府の横目が探知して江戸に通報しているからだという。だから、こんなことをしていても幕府にはわからないだろう、と高を括《くく》るのは大間違いだというのである。

禁裏・仙洞付武家による情報収集

幕府は寛永二〇年九月、天皇の御所である禁裏御所に禁裏付武家、上皇の御所である仙《せん》洞《とう》（院）御所に仙洞（院）付武家を設け、おのおの二人ずつ旗本が任命され、江戸から赴任した。禁裏御所と仙洞御所に、江戸から派遣される武士が常駐することになった。その職務は、京都所司代の指揮のもと、天皇への奏請《そうせい》と勅旨《ちょくし》の伝達を取り次ぎ、天皇の日常の暮らし向きをつかさどる口向《くちむき》を統轄する長橋局《ながはしのつぼね》（女官）、さらに禁裏御所における政務を統括する武家伝奏《てんそう》（公家）と協議しながら、御所の警備や運営を監督・監視するものだった。良く言えば御世話役、悪く言えば監視役である。

横目付と違い、禁裏御所と仙洞御所に幕府役人が正式に入り込んで、内側から直接に管理監督することになった。幕府は、【禁裏・仙洞付武家→京都所司代→老中】というルートで、天皇の動向を含む御所内の情報を入手するようになったのである。

日常的には、朝廷運営の要である関白・武家伝奏と、京都所司代・禁裏付武家が接触し、意思疎通を図っていた。

2 京都町奉行所の情報収集

公家の問題行動を監視・摘発

一般の公家や下級の官人たちについては、京都町奉行所が日常的に行動を監視し、身辺の情報を収集していた。そして、犯罪行為は違法として追及し朝廷に通告していたし、公家の身分として如何なことかと思われる行動も捕捉していた。そのことをよく示しているのが、嘉永三年（一八五〇）一一月付の「官家風聞書」（「松平乗全関係文書」）である。これは、京都町奉行所が公家たちの内情を探索した報告書である。

時期はさかのぼるが、ある事例を紹介してみよう。

寛政四年（一七九二）に、京都町奉行所は、堂上《とうしょう》の公家（位階が三位以上と四位・五位のうち昇殿を許された上級の公家）小倉見季と武者小路実純《さねいと》の不法行為（米の売買に関わる違法行為らしい）について朝廷に照会した。町奉行所に逮捕され、公家の身分を失うのではないかとの風聞も流れるほど、罪状は深刻だった。武者小路はどこかへ逐電してしまい、小倉は自分の屋敷に建てられた仮住居に押し込め（監禁）られ、乱心ということになった。

また、朝廷は、寛政八年八月に九名もの堂上の公家に、永蟄居《えいちっきょ》（終身、外出などを禁じ自宅の一室に謹慎させる刑）、蟄居、遠慮などの処罰を加えた。その罪状には、「利欲不法」「不行跡」など、堂上の公家にあるまじき行為が挙げられている。また同年一〇月には、一七名の堂上の公家に、遠慮、閉門、謹慎などの処罰を加え、その罪状の多くは「遊興に耽《ふけ》り」というものだった。

いずれも京都町奉行所が、摘発や公家の問題行動について朝廷に情報をよせ、善処を求めたものである（藤田覚『光格天皇』）。

このように、天皇と公家について、禁裏・仙洞御所の内部は禁裏・仙洞付武家らが、公家たちについては京都町奉行所が監視し、情報の収集にあたっていたのである。

3 情報収集・分析の誤りと幕府の敗北

日米修好通商条約勅許問題

幕府は、天皇、公家の身辺について日常的に監視と情報の収集をしていたが、安政五年（一八五八）の日米修好通商条約勅許問題では、情報収集と分析にぬかりがあり、江戸幕府の崩壊を早めてしまった。

幕府は、欧米諸国が要求する通商を拒絶し続けることは困難と判断し、貿易により富国強兵を図ると宣言した。安政三年七月に下田に着任したアメリカ総領事ハリスは、翌年一〇月に出府して江戸城に登城し、幕府に通商条約交渉の開始を要求した。幕府は、世界情勢の変化により「鎖国」を変更せざるを得ないと判断し、正式な交渉を開始した。そして、安政五年一月には、横浜など五港の開港と居留地の設置、貿易は自由貿易とすることで最終合意に達した。

天皇の政治的利用

幕府は、日米修好通商条約を締結する方針を表明し、安政四年一一月と一二月の二回にわたり諸大名の意見を聴取した。やむなしと賛成する大名が多かったものの、反対論もあり、尾張・仙台・鳥取・阿波藩主などから、天皇の許可を求めるべきではないかとの意見も出された。そこで幕府は、反対論と慎重論に配慮し、「人心の折り合い」をつけるためと称して、天皇の許可、すなわち勅許を求めることに決め、老中堀田正睦《まさよし》らを上京させた。その意図は、勅許を得る、すなわち天皇の権威を利用して、通商条約締結への異論を封じ込めようとしたのである。

幕府は、「鎖国」から「開国」へという大転換にあたり、国論統一のため天皇を政治的に利用しようとした。しかし、この措置は、天皇・朝廷を現実政治の場に引き出してその政治的権威を急浮上させ、天皇が幕末政治の焦点に躍り出ることになった。

幕府の楽観論

幕府が勅許を求めることを決めた背景に、勅許は簡単に得られるとの読みがあった。安政三年七月に着任したハリスの出府・登城要求を幕府が受諾したさい、溜間詰大名たちは、有力外様大名と朝廷の納得は得られるのか、との質問書を老中に提出した。そのさい老中は、外様大名はどのようにでも納得させられる、朝廷は大政委任《たいせいいにん》（朝廷は国政を幕府に一任している、という考え方）だから大丈夫、と楽観的な見通しを伝えていた。通商条約の勅許を求めるさいも、朝廷が幕府の方針に反対するわけがなく、勅許は得られるものと楽観的だったのだろう。

老中堀田正睦らは、安政五年一月に江戸を出発し、京都に向かった。二月に参内し、条約勅許を天皇・朝廷に願い出た。江戸を発つ前の甘い見通しは、堀田正睦らが上京して関白らと接触すると吹き飛んでしまった。天皇をはじめとして、公家には条約反対論が強いことを思い知らされたのである。当時の天皇・朝廷の雰囲気は、江戸で想定していたものとかなり異なり、のちに堀田が「実に堂上方正気の沙汰とは存ぜられず」（田辺太一『幕末外交談』）と手紙に書いたほどである。

天皇・公家の条約反対論

当時の天皇、孝明天皇（一八三一〜六六。在位は一八四六〜六六）は、安政元年一月に公《く》卿《ぎょう》（位階が三位以上か官職が参議《さんぎ》以上の公家）全員に意見を提出させた。条約賛成者もいたが、「蛮夷《ばんい》」のアメリカは神国・皇国日本を汚すという生理的拒絶反応などから、多くは条約に否定的だった。所司代が伝えた文書に「人心の折り合い」のため老中が上京する、とあったことをとらえ、諸大名の意見が一致していない現状なのだから、天皇・朝廷は御三家以下諸大名の意見を聞いたうえで判断すべきだ、という意見が大半を占めた。孝明天皇自身は、和親条約まで拒否するわけではないが、通商条約反対・鎖国維持の頑固な鎖国攘夷論者だった。

通商条約反対の公家一揆

そこで堀田らは、ねばり強く朝廷の執行部である関白と武家伝奏に説得をかさね、ついに反対派を切り崩し、関白らの賛意を得て勅許を得られる見通しが立った。あと一歩だった。しかし、条約締結の判断を幕府に一任する、という勅答案が関白から提示されると、猛烈な反対論と反対行動が沸きおこった。

関白らは、三月一一日に幕府に一任するという勅答案を朝議で決定した。しかし翌一二日、八八名もの堂上公家が禁裏御所に集まって幕府一任の文面の削除を求める願書に署名し、ついで関白邸へ押しかけて撤回を迫った。前代未聞の公家の一揆・強訴《ごうそ》である。この動きは、御所で雑用を務める非蔵人《ひくろうど》や地下《じげ》官人に至る朝廷構成員全体に広がり、非蔵人五五名、地下官人九三名が連名で、それぞれ撤回を願い出た。朝廷は条約反対の大合唱に包まれ、とうとう勅答案は撤回された。

朝廷は三月二〇日に堀田らを呼び、御三家以下の諸大名らと衆議のうえ再度伺い出るように、と回答した。堀田は、公家たちは「正気の沙汰」ではないと憤ったが、条約勅許の獲得に失敗してしまったのである。幕府としては、公家たちがまるで一揆のような集団行動までおこして条約に反対するとは、とうてい読めなかったのだろう。

嘉永七年（この年一一月に安政元年と改元）三月に日米和親条約を締結したさい、朝廷は、当時の実力者で関白の鷹司政通《まさみち》を中心に対応を決め、幕府へ政務委任（大政委任のこと）なのであれこれ言わないが、天皇が心配しているのでアメリカへの回答が決まったら報告するように、と幕府へ返答した。しかし、公家のなかには、外国に屈服して「神国」「皇国」を汚したと幕府に反発し、それに抗議もしない関白への不満がくすぶっていた。

日米和親条約のさい、大政委任で朝廷の了承を得たことがいわば幕府の成功体験になった。しかし、公家のなかに外国との条約締結への批判、嫌悪感がくすぶっていたのをキャッチできなかったことが、通商条約勅許をめぐる情勢判断を誤らせた一因であろう。さらに、朝廷に強い影響力をもった前水戸藩主徳川斉昭が意見書を出し、朝廷が条約締結に反対するよう申し入れるなど、通商条約に批判的な勢力による公家への働きかけ、「入説《にゅうぜい》」が盛んにおこなわれ、幕府はその影響力を見誤った。幕府は、この件に関する天皇、公家への情報収集と判断の甘さを露呈してしまった。結局ここでの躓《つまず》きが、幕末政争を激化させ、幕府の崩壊を招くことになる。

幕府が、政務委任の慣行から逸脱し、天皇から条約締結の許可を得ようとしたこと自体が前代未聞だが、天皇が、幕府の意向に反して不許可にしたのも前代未聞だった。その結果、幕府は開国和親、朝廷は鎖国攘夷に分裂し、国論が二分された。この分裂した国論を、どちらにそしてどのように統一するのかをめぐり、激しい政治闘争が展開されることになる。そのなかで、どちらの政治勢力もともに天皇を自己の陣営に取り込み、政策や運動を正当化しようとしたため、天皇は幕末政治史の焦点に浮上していった。

結局、天皇、公家に関する情報収集と判断の誤りがもたらした失敗が、江戸幕府の命取りになったともいえるだろう。

おわりに

江戸では、平戸藩主だった松浦静山の『甲子夜話』、勘定奉行や町奉行を歴任した根岸鎮衛《やすもり》の『耳袋《みみぶくろ》（嚢）』などに代表される、江戸で得た情報を書き留めた武家の随筆が出てくる。随筆ではなく、瓦版なども含めて江戸の町に流れる情報を大量に集めた、沼田（現・群馬県沼田市）藩士で剣術師範の藤川整斎《せいさい》（貞）「文政雑記」「天保雑記」（国立公文書館所蔵）もある。また、「江戸の情報屋」などとも称される藤岡屋由蔵《よしぞう》の『藤岡屋日記』のような、江戸の町人による情報収集とその蓄積がある。大坂では、著者は町医師らしいが未詳の『浮世の有様』が、膨大な情報量を誇る。江戸時代後期になると、市井の噂や「世間話」を集録した随筆と分類されるものは、枚挙に暇がないほどになる。

大店商家は、たとえば三井家大坂両替店の『聞書』（三井文庫史料叢書『大坂両替店「聞書」1』）にみられるように、営業上の必要から膨大な、しかも幅広い情報を収集している。米相場のわずかな高下が重大な利害に直結する米商人たちは、「通信革命」とも評される、凄まじいまでの早さで相場情報を収集する（高槻泰郎『大坂堂島米市場』）。全国的な物流、交通の発展は、物と人だけではなく、情報の流れも活発化し迅速化する。

江戸後期、幕末に近づくほど各地の豪農や知識人が、政治情報を中心に情報を書き留めた「風説留」がかなりの数で残されている（宮地正人『幕末維新期の社会的政治史研究』第三章）。情報は、もはや幕府の独占物ではなくなり、人びとに身近なものになっていたのである。

江戸幕府の情報収集システム、情報収集能力の歴史を振り返ると、八代将軍徳川吉宗の役割が大きい。本書で扱った御庭番と普請役が、幕府の情報収集や政策決定に重要な役割を果たしていたことを確認できた。それらは、ともに吉宗が創設したものだった。江戸幕府が成立して約一一〇年後に登場した八代将軍吉宗は、江戸時代の政治と社会の変化に対応できる幕府の法や制度の改良に努め、そのなかで御庭番、目安箱、普請役を創設し、情報収集能力を高めた。

それから約一二〇年後の幕府に、政治と社会の新たな変化に対応できるような情報収集システムの改良があったのかどうか。情報収集における幕府の優位性は、次第に薄れていったのだろう。

アメリカ東インド艦隊司令長官ペリーは、二度目に浦賀に来航した嘉永七年（一八五四）一月、第一三代将軍徳川家定《いえさだ》へ電信機を献上した。幕府は、ただの珍奇な贈り物として受け取っただけらしいが、その性能にいち早く着目し研究に着手したのは、薩摩藩や佐賀藩など幕府の抵抗勢力になってゆく雄藩である。

明治新政府は、国内の電信網の整備に力を入れ、明治二年（一八六九）に東京と横浜の間に電信線を開通させた。さらに明治七年には、九州から北海道まで、列島を縦貫する電信線を竣工させている（『電信電話事業史』）。殖産興業政策の一環であるが、同時に新たな情報収集・伝達手段の獲得でもあった。文化四年（一八〇七）に箱館から江戸まで信じられない「神速」で情報を伝えたという早馬も、七、八日かかっている。しかし、文字や図を電気信号に変えて電送する電信は、新たな通信手段であり、革命的な早さで情報を伝達した。それに幕末の雄藩が着目し、明治政府はいち早く導入した。江戸幕府は立ち遅れ、その崩壊はこの面からも必然的だったといえる。やはり、情報を制する者は政治を制す、ということだろう。

二〇二二年四月

藤田　覚

【参考文献】

青木美智男「旗本新見家に残された天保12年「三方領知替」中止をめぐる史料」『神奈川県史研究』18、一九七二年
青木美智男「ペリー来航予告をめぐる幕府の対応について」『日本福祉大学経済論集』第二号、一九九一年
浅倉有子『北方史と近世社会』清文堂、一九九九年
荒木裕行『近世中後期の藩と幕府』東京大学出版会、二〇一七年
岩﨑奈緒子『近世後期の世界認識と鎖国』吉川弘文館、二〇二一年
木村直樹『〈通訳〉たちの幕末維新』吉川弘文館、二〇一二年
島谷良吉『最上徳内』人物叢書、吉川弘文館、一九七七年
鈴木康子「一八世紀後期――一九世紀初期の長崎と勘定所」長崎市長崎学研究所紀要『長崎学』第3号、二〇一九年
清野鉄臣編『荘内天保義民』アサヒ印刷所、一九三四年
高槻泰郎『近世米市場の形成と展開』名古屋大学出版会、二〇一二年、一七四～一七九頁
高槻泰郎『大坂堂島米市場』講談社現代新書、二〇一八年
竹内誠「文化年間幕府「御用金」の実態と背景」『史潮』七七、一九六一年
『電信電話事業史』第一巻、日本電信電話公社編、一九五九年
徳富猪一郎『近世日本国民史二八　天保改革篇』近世日本国民史刊行会、一九六四年

『新潟市史』通史編2近世下、一九九七年
沼倉延幸「関白鷹司政通とペリー来航予告情報」『青山史学』第一三号、一九九二年
深井雅海『江戸城御庭番　徳川将軍の耳と目』中公新書、一九九二年
藤田覚『幕藩制国家の政治史的研究』校倉書房、一九八七年
藤田覚『近世後期政治史と対外関係』東京大学出版会、二〇〇五年
藤田覚『幕末の天皇』講談社学術文庫、二〇一三年
藤田覚『天保改革』吉川弘文館、一九八九年
藤田覚『遠山金四郎の時代』講談社学術文庫、二〇一五年
藤田覚『シリーズ日本近世史⑤　幕末から維新へ』岩波新書、二〇一五年
藤田覚『天皇の歴史6　江戸時代の天皇』講談社学術文庫、二〇一八年
藤田覚『光格天皇』ミネルヴァ日本評伝選、ミネルヴァ書房、二〇一八年
洞富雄『間宮林蔵』人物叢書、吉川弘文館、新装版、一九八六年
松尾美惠子・藤實久美子編『大名の江戸暮らし事典』柊風舎、二〇二一年
松方冬子『オランダ風説書と近世日本』東京大学出版会、二〇〇七年
『松前町史』通説編第一巻下、一九八八年
宮地正人『幕末維新期の文化と情報』名著刊行会、一九九四年
宮地正人『幕末維新期の社会的政治史研究』岩波書店、一九九九年
横山伊徳『開国前夜の世界』日本近世の歴史5、吉川弘文館、二〇一三年

【参考史料】

「蝦夷地一件」『新北海道史』第七巻史料一、北海道、一九六九年
『大坂両替店「聞書」』1、三井文庫史料叢書、三井文庫編集・発行、吉川弘文館発売、二〇一一年
「御書付並評議留」天理大学天理図書館所蔵「徳川法制資料」一七〇
「御教訓書」帝国学士院編『宸翰英華』、一九四四年
『御触書天保集成』下、岩波書店、一九四一年
『和蘭風説書集成』上・下、吉川弘文館、一九七七〜七九年
『折たく柴の記』新井白石、岩波文庫、一九九九年
『海舟全集』第二巻『開国起原』下、明治百年史叢書、原書房、一九六八年
「海防策再稿」浅野長祚、国立国会図書館所蔵
『甲子夜話』『甲子夜話続篇』『甲子夜話三篇』松浦静山、平凡社東洋文庫
『旧事諮問録』旧事諮問会編・進士慶幹校注、岩波文庫、一九八六年
『休明光記』『続々群書類従』第四　史傳部
『元禄世間咄風聞集』原題は『世間咄風聞集』、岩波文庫、一九九四年
「御覧もの留」東北大学附属図書館狩野文庫所蔵新見記録
『庄内藩復領始末』出版者・出版年不明
『新八王子市史』通史編3近世（上）、二〇一七年
「新見正路日記」東北大学附属図書館狩野文庫所蔵新見記録

『続未曾有後記』遠山景晋、国立公文書館所蔵
『大日本近世史料　市中取締類集』一、東京大学史料編纂所編
『千島の白浪』平田篤胤、『北方史史料集成』第五巻、北海道出版企画センター、一九九四年
『通航一覧』六・七、国書刊行会、一九一三年
「風説聞繕書」『酒田市史』史料編第五集、酒田市、一九七一年
『長崎オランダ商館日記』四・五、日蘭学会編、雄松堂出版、一九九二・一九九四年
『長崎奉行遠山景晋日記』荒木裕行・戸森麻衣子・藤田覚編、清文堂出版、二〇〇五年
『日本財政経済史料』一・四、日本経済学会、一九二四年
『幕末御触書集成』六、岩波書店、一九九五年
『幕末外交談』田辺太一、冨山房、一八九八年
『藤岡屋日記』第一巻、三一書房、一九八七年
「文化日記」遠山景晋、東京大学法学部法制史資料室所蔵
「文天間記」国立公文書館所蔵
「戊戌封事」歴史学研究会編『日本史史料』3、近世、岩波書店、二〇〇六年
「松平乗全関係文書」東京大学史料編纂所所蔵
『水戸藩史料』別記上、吉川弘文館、一九一五年
『村上市史』資料編2近世、一九九二年
「モリソン号事件関係記録」東京大学史料編纂所所蔵、歴史学研究会編『日本史史料』3、近世、岩波書店、二〇〇六年

『野叟獨語』『日本思想大系』64　洋学上、岩波書店、一九七六年
『予見録』『千島の白浪』所収
『よしの冊子』『随筆百花苑』第八、九巻、中央公論社、一九八〇、八一年
「魯人再掠蝦夷一件」一・二　東京大学史料編纂所所蔵

藤田　覚 ふじた・さとる
1946年、長野県生まれ。千葉大学文理学部卒、東北大学大学院文学研究科博士課程単位取得退学。専攻は日本近世史・近世政治史。東京大学史料編纂所教授、東京大学大学院人文社会系研究科・文学部教授を経て、東京大学名誉教授。著書に『近世後期政治史と対外関係』(東京大学出版会、角川源義賞受賞)、『泰平のしくみ——江戸の行政と社会』(岩波書店)、『日本近世の歴史4 田沼時代』(吉川弘文館)、『光格天皇』(ミネルヴァ書房)など。

朝日新書
863

インテリジェンス都市《とし》・江戸《えど》

江戸幕府の政治と情報システム

2022年5月30日第1刷発行

著者　藤田　覚

発行者　三宮博信
カバーデザイン　アンスガー・フォルマー　田嶋佳子
印刷所　凸版印刷株式会社
発行所　朝日新聞出版
〒104-8011　東京都中央区築地5-3-2
電話　03-5541-8832（編集）
　　　03-5540-7793（販売）

Published in Japan by Asahi Shimbun Publications Inc.
ISBN 978-4-02-295169-4
定価はカバーに表示してあります。

落丁・乱丁の場合は弊社業務部（電話03-5540-7800）へご連絡ください。
送料弊社負担にてお取り替えいたします。

朝日新書

第二次世界大戦秘史
周辺国から解く 独ソ英仏の知られざる暗闘

山崎雅弘

人類史上かつてない広大な地域で戦闘が行われた第二次世界大戦の欧州大戦。ヒトラー、スターリン、チャーチルの戦略と野望、そして誤算――。彼らに翻弄された、欧州・中近東「20周辺国」の視点から、大戦の核心を多面的・重層的に描く。

音楽する脳
天才たちの創造性と超絶技巧の科学

大黒達也

優れた音楽はどのような作曲家たちの脳によって作られ、演奏されているのか。ベートーベンからグールドまで、偉人たちの脳を大解剖。深い論理的思考で作られているクラシックをとことん味わうための「音楽と脳の最新研究」を紹介。

昭和・東京・食べある記

森　まゆみ

東京には昭和のなつかしさ漂う名飲食店があちこちに。「安くてうまい料理」と、その裏にある、作る人・食べる人が織りなす「おいしい物語」を作家で地域誌「谷根千」元編集者の著者が、食べ、かつ聞き歩く。これぞ垂涎の食エッセー。

不動産の未来
マイホーム大転換時代に備えよ

牧野知弘

不動産に地殻変動が起きている。高騰化の一方、コロナによって暮らし方、働き方が変わり、住まいの価値観が変容している。こうした今、都市や住宅の新しい価値創造は何かを捉えた上で、マイホームを選ぶことが重要だ。業界の重鎮が提言する。

全米トップ校が教える自己肯定感の育て方

星　友啓

学習や仕事の成果に大きく関与する「自己肯定感」は世界的にも注目されるファクターだ。本書は超名門スタンフォード大学オンラインハイスクールで校長を務める著者が、そのコンセプトからアプローチ、エクササイズまで、最先端の知見を凝縮してお届けする。

リスクを生きる

内田　樹
岩田健太郎

コロナ禍で変わったこと、変わらなかったこと、変わるべきことは何か。東京一極集中の弊害、空洞化する高等教育、査定といじめの相似構造、感染症が可視化したリスク社会を生きるすべを語る、哲学者と医者の知の対話。同著者『コロナと生きる』から待望の第2弾。

全面改訂 第3版
ほったらかし投資術

山崎　元
水瀬ケンイチ

これがほったらかし投資の公式本！　売れ続けてシリーズ累計10万部のベストセラーが7年ぶりに全面改訂！　おすすめのインデックスファンドが一新され、もっとシンプルに、もっと簡単に生まれ変わりました。ｉＤｅＣｏ、２０２４年開始の新ＮＩＳＡにも完全対応。

ルポ 大谷翔平
日本メディアが知らない「リアル二刀流」の真実

志村朋哉

2021年メジャーリーグMVPのエンゼルス・大谷翔平。米国のファンやメディア、チームメートは「リアル二刀流」をどう捉えているのか。現地メディアだけが報じた一面とは。大谷の番記者経験もある著者が日本ではなかなか伝わらない、その実像に迫る。

自衛隊メンタル教官が教える イライラ・怒りをとる技術

下園壮太

自粛警察やマスク警察など、コロナ禍で強まる「1億総イライラ社会」。怒りやイライラの根底には「疲労」がある。怒りは自分を守ろうとする強力な働きだが、怒りの暴発で人生を棒に振ることもある。怒りのメカニズムを正しく知り、うまくコントロールする実践的方法を解説。

画聖 雪舟の素顔
天橋立図に隠された謎

島尾 新

画聖・雪舟が描いた傑作「天橋立図」は単なる風景画なのか？ 地形を含めた詳細すぎる位置情報、明らかに歪められた距離、上空からしか見ることのできない構図……。前代未聞の水墨画を描いた雪舟の生涯を辿りながら、「天橋立図」に隠された謎に迫る。

江戸の組織人
現代企業も官僚機構も、すべて徳川幕府から始まった！

山本博文

武士も巨大機構の歯車の一つに過ぎなかった！ 幕府の組織は現代官僚制にも匹敵する高度に発達したものだった。「家格」「上司」「抜擢」「出張」「横領」「利権」「賄賂」「機密」「治安」「告発」「いじめ」から歴史を読み解く、現代人必読の書。

朝日新書

官僚が学んだ究極の組織内サバイバル術

久保田 崇

大人の事情うずまく霞が関で官僚として奮闘してきた著者が、組織内での立ち居振る舞いに悩むビジネスパーソンに向けておくる最強の仕事術。上司、部下、やっかいな取引先に苦しむすべての人へ。人を動かし、自分の目的を実現するための方法論とは。

インテリジェンス都市・江戸
江戸幕府の政治と情報システム

藤田 覚

インテリジェンスを制する者が国を治める。徳川260年の泰平も崩壊も極秘情報をめぐる暗闘の成れの果て。将軍直属の密偵・御庭番、天皇を見張る横目、実は経済スパイだった同心——近世政治史の泰斗が貴重な「隠密報告書」から幕府情報戦略の実相を解き明かす。

ふんどしニッポン
下着をめぐる魂の風俗史

井上章一

男の急所を包む大事な布の話——明治になって服装は西欧化したのにズボンの中は古きニッポンのまま。西洋文明を大和心で咀嚼する和魂洋才は見えないところで深みを増し三島由紀夫に至った。『パンツが見える。』に続き、近代男子下着を多くの図版で論考する。

日本的「勤勉」のワナ
まじめに働いてもなぜ報われないのか

柴田昌治

「主要先進国の平均年収ランキングで22位」が、日本の現実だ。従来のやり方では報われないことが明白になった今、生産性を上げるために何をどう変えればいいのか？　「勤勉」が停滞の原因となった背景を明らかにしながら、日本人を幸せにする働き方を提示する。